最短で学ぶ

JW_CAD 建築製図

辻川ひとみ＋吉住優子 著

学芸出版社

はじめに

本書で扱う JW_CAD は Windows にのみ対応した、汎用のフリー CAD ソフトウェアです。フリーソフトとは思えない充実した内容であることから、教育はもとより実務でも広く用いられています。

著者らは大学で長年、この JW_CAD を用いた建築製図の教育に携ってきました。これまでに JW_CAD に関するマニュアル本は数多く出ていますが、1冊だけで平面図や断面図、立面図はもとより配置図やパースなどを描けるようになるものは見つかりませんでした。大学の授業では、学生の自習も考慮して教科書を指定することが多いのですが、それができずに長い間、自作のテキストを作成し、プリント配布をしていました。

本書は、長年著者らが大学の授業のために作成してきた自作テキストに、加筆修正して完成したもので、大学の半期にあたるおよそ14コマで建築製図が一通り描けるような構成になっています。また大学で学生が疑問を持ちやすい、またはつまずきやすい箇所をもれなくサポートしています。さらに、建築 CAD の製図技術をはかる検定試験の中で、最も一般的な「建築 CAD 検定試験」に効率的に合格できるよう、必要な知識や製図の方法をすべて紹介しています。本書が建築やインテリアを学ぶ大学生の皆さんはもとより、建築 CAD に携るあらゆる実務者の方々の、CAD 技術の向上と建築知識の再確認に役立つことを願います。

辻川ひとみ
吉住優子

本書の特徴

- 集合住宅（1/100 平面図・平面詳細図）および、2階建コートハウス（1/50 平面図・平面詳細図・立面図・断面図・配置図・室内パース）を題材とし、この一冊で初心者レベルから大学レベルで求められる一通りの基本図面である平面図・平面詳細図・立面図・断面図・配置図・室内パースまでを最短かつ最小限の JW_CAD 知識で描けるように工夫している。
- 建築 CAD 検定試験の主に2級（1/50 平面詳細図を作成＋建具詳細図の描き方・立面図における屋根の描画方法）に対応しており、大学建築課程の教科書・参考書としても最適な内容となっている。建築 CAD 検定試験は、1993年に開始された日本初の建築 CAD 検定試験で、これまでに6万2100名以上が受験している。2級、3級受験者がほぼ同数で、併せて8割以上を占める。受験時の利用ソフトに制限はないが、JW_CAD 使用率はどの級も4分の3以上である。

Contents

はじめに 3
JW_CAD インストール方法 8

I部　JW_CAD 建築製図の基本　9

1　建築製図の基礎知識　10
JW_CAD で図面を描く前に、建築製図に必要な知識を確認する。

- 01　設計図面の種類と関係　10
- 02　用紙のサイズ　12
- 03　表示記号　13
  - 03-1　線の種類と用途
  - 03-2　建具表示記号

2　JW_CAD の基本操作　15
JW_CAD に用意されている中の、最小限のツールを用いて、「平面図」「立面図」「断面図」を描くための基本的な操作を学ぶ。

- 01　画面の構成　15
- 02　ファイルの保存　17
- 03　線　18
  - 03-1　直線
  - 03-2　寸法指定直線
  - 03-3　角度指定直線
  - 03-4　鉛直線
  - 03-5　線の消去
  - 03-6　線の部分消去
  - 03-7　線の伸縮
- 04　中心線・2線・複線　25
  - 04-1　中心線
  - 04-2　2線
  - 04-3　連続2線
  - 04-4　2線の留線
  - 04-5　複線
- 05　矩形　28
  - 05-1　矩形（任意）
  - 05-2　矩形（指定）
- 06　円・円弧・楕円・多角形・連線　29
  - 06-1　円（指定寸法・配置）
  - 06-2　円弧（指定点）
  - 06-3　楕円
  - 06-4　多角形
  - 06-5　連続線
- 07　練習問題　【建築CAD検定対応】　32
  - 07-1　冷蔵庫
  - 07-2　シングルベッド
  - 07-3　畳
  - 07-4　食卓
  - 07-5　システムキッチン
  - 07-6　洗面
  - 07-7　便器

08　伸縮・コーナー・面取・移動・複写　　34
- 08-1　線の一括伸縮
- 08-2　線の一括部分消去
- 08-3　線分のコーナー連結
- 08-4　線の面取
- 08-5　図の移動
- 08-6　図の複写
- 08-7　図の反転複写

09　練習問題　　建築CAD検定対応　　39
- 09-1　洗濯機パン
- 09-2　バスタブ

10　レイヤ　　40
- 10-1　レイヤの概念
- 10-2　レイヤツールバーの基本操作
- 10-3　レイヤグループツールバーの基本操作
- 10-4　「レイヤ一覧ウィンドウ」による操作
- 10-5　レイヤ設定ウィンドウによる操作

11　包絡　　48

12　練習問題　　49
- 12-1　柱と壁の練習（1）
- 12-2　柱と壁の練習（2）
- 12-3　柱と壁の練習（3）
- 12-4　クローゼット
- 12-5　エレベーター

13　分割・ハッチ・パラメトリック　　52
- 13-1　分割（線）
- 13-2　分割（点）
- 13-3　ハッチ
- 13-4　パラメトリック

14　練習問題　　建築CAD検定対応　　55
- 14-1　駐車スペース
- 14-2　駐輪スペース
- 14-3　床下換気口
- 14-4　屋根
- 14-5　階段U字型（中間階）

15　属性変更・属性取得　　59
- 15-1　属性変更（レイヤ）
- 15-2　属性変更（線色・線種）
- 15-3　属性選択
- 15-4　属性取得・属性変更
- 15-5　オフセット

16　文字　　64
- 16-1　入力と文字種変更
- 16-2　線に沿わせて配置する
- 16-3　文字の消去
- 16-4　文字の変更と移動
- 16-5　文字の複写

17　寸法線　　68
- 17-1　寸法線（水平）
- 17-2　寸法線（垂直）
- 17-3　引出線・寸法線位置のカスタマイズ
- 17-4　引出線のない寸法線

18　図面枠の作成と出力　　73
- 18-1　図面枠の作成
- 18-2　印刷の設定
- 18-3　印刷時の線色・線幅とピッチの変更

II部　JW_CADで図面を描こう　77

3　平面図を描く　78

I部で学んだ基本的なツールを総合的に活用して、「集合住宅」「コートハウス」を作図する。
「集合住宅」では1/100、「コートハウス」では1/50スケールの平面図を描く。

01　集合住宅の基準階平面図を描く　78
- 01-1　ファイルの設定
- 01-2　レイヤの設定
- 01-3　基準線を引く
- 01-4　寸法線を引く
- 01-5　柱・外壁を描く
- 01-6　間仕切り壁を描く
- 01-7　見え掛かりを描く
- 01-8　住戸を複写する
- 01-9　屋外階段を描く
- 01-10　重複線・連結線の整理
- 01-11　室名を入力する

02　建具の作図　84
- 02-1　引き違い窓（外壁に挿入）
- 02-2　開き戸（内壁に挿入）

03　練習問題　集合住宅に建具を挿入する（縮尺1/100）　88

04　平面詳細図における建具　[建築CAD検定対応]　89
- 04-1　壁詳細と開口
- 04-2　片開き扉
- 04-3　引き違い戸
- 04-4　引き違い窓（腰窓）
- 04-5　引き違い窓（掃き出し窓）
- 04-6　引き込み戸
- 04-7　はめ殺し、上げ下げ窓
- 04-8　浴室・勝手口用片開き扉
- 04-9　浴室用引き込みのサッシドア
- 04-10　折れ戸
- 04-11　3枚窓

05　練習問題　集合住宅に建具を描く（縮尺1/50）　100

06　設備の作図　ユニットバス　101

07　練習問題　集合住宅に設備を描く（縮尺1/100）　102

08　コートハウスの平面図を描く（平面図の復習）　103
- 08-1　1F・2F平面図の作成
- 08-2　縮尺1/50平面詳細図の作成

4　断面図を描く　105

3で作成した「コートハウス」の平面図をもとに、断面図を作図する。平面図で描いた基準線、壁、建具などの線を利用しながら、断面図作成の方法を学ぶ。

01　コートハウスのY-Y'断面図を作成する　105
- 01-1　準備
- 01-2　基準線を引く
- 01-3　寸法線を引く
- 01-4　構造体の作図
- 01-5　構造体細部の作図
- 01-6　建具の作図

02　練習問題　X-X'断面図の作成　111

5 立面図を描く　112

4で作成した「コートハウス」の断面図をもとに、立面図を作図する。平面図で描いた建具などの線を利用しながら立面図を作図する。

01　コートハウスの東側立面図を作成する　112
- 01-1　準備：断面図を開く
- 01-2　外形線を描く
- 01-3　笠木線・目地線を描く
- 01-4　建具・換気口を描く
- 01-5　引き違い窓の描き方
- 01-6　上げ下げ窓の描き方
- 01-7　換気口の描き方

02　南側立面図を作成する　115

03　勾配屋根を作成する　【建築CAD検定対応】　116
- 03-1　妻側屋根（東側立面図）を描く
- 03-2　棟側屋根（南側立面図）を描く

6 配置図を描く　122

3で作成した「コートハウス」の配置図を作成する。JW_CADにあらかじめ登録されている図形を活用しながら配置図を描く。

- 01-1　隣地・道路境界線を引く
- 01-2　道路幅員線を引く
- 01-3　建物の外形線を引く
- 01-4　方位の作図
- 01-5　植栽、車の配置
- 01-6　手書線
- 01-7　出入口の記号を記入する

7 室内パースを描く　127

JW_CADでは、3Dとは異なるが2.5Dツールを用いて「透視図」「鳥瞰図」「アイソメ図」を作成することができる。それらを組み合わせながら、「コートハウス」の室内パースの作図方法を学ぶ。

01　アイソメ図の作成　127
- 01-1　円・矩形を立体図形にする
- 01-2　高さの異なる立体図の作成

02　練習問題（イス）　129

03　透視図の作成　130
- 03-1　展開図を立ち上げる
- 03-2　壁面の凹凸を表現する
- 03-3　室内に家具を作成する

04　透視図の着色　133
- 04-1　透視図の確認
- 04-2　図面の着色

本書使用課題図面の完成図　134
INDEX　140
折図　コートハウス 平面詳細図

◎謝辞
本書の出版にあたりましては、JW_CADの著作者である清水治郎氏、田中善文氏に、動作画面の掲載に関する許諾をいただきましたことを、深く感謝申し上げます。

◎ JW_CADについて
JW_CADの著作権は、清水治郎氏、田中義文氏に属します。使用上の制限については、必ずアプリケーション本体に添付されたJW_WIN.txtとヘルプファイルの内容をご確認ください。なお、同ソフトのサポートはJW_CADの著作権者、本書の著者、さらに学芸出版社も行っておりません。ご利用は各自の責任において行ってください。
※Windowsは米国マイクロソフト社の登録商標です。

◎ソフトのバージョンについて
本書はJW_CAD ver.8.03aでの動作を確認しております。（2017年12月現在）

JW_CAD インストール方法

① JW_CAD の作者ホームページである「Welcome to Jww Home Page」(http://www.jwcad.net/) を開く。

②「ダウンロード」を 🖱 する。

③ ダウンロードできるサイトがいくつか表示されるので、そのうちの1つを選んで 🖱 する。

④ 実行 ボタンを 🖱 する。

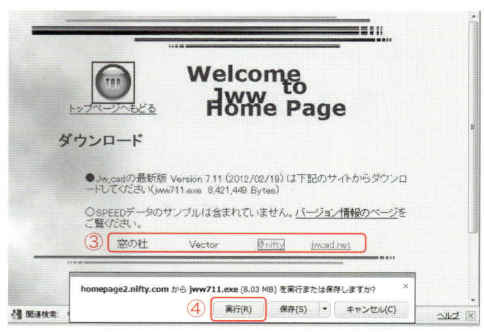

⑤ 保存 を 🖱 する。

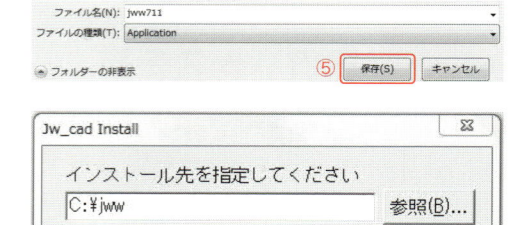

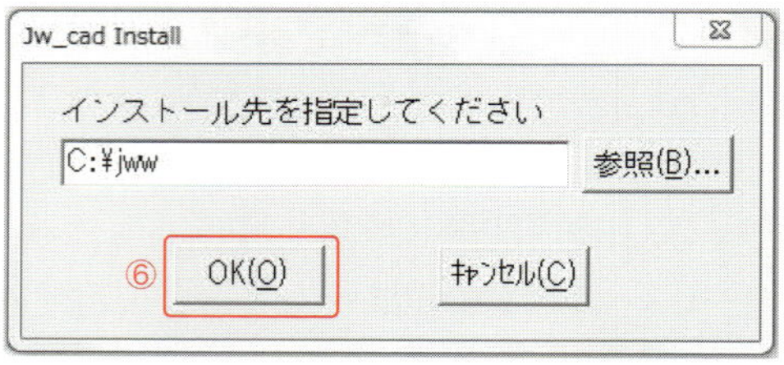

> **POINT**
> ここでは、JW_CAD の ver.7.11 であるため、「JW711」というファイル名になっている。

⑥ 保存したアプリケーションファイル「JWW711」をダブルクリックすると、「Jw_cad Install」ダイアログボックスが現れるので、 OK ボタンを 🖱 する。

⑦ はい を 🖱 して、スタートメニューに「Jw_cad」を登録する。

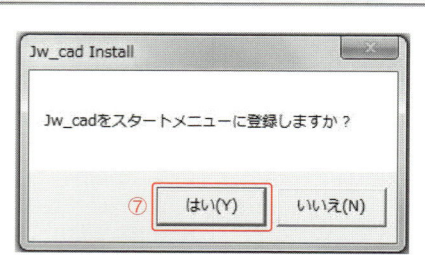

⑧ インストールが完了するので、スタートメニューから「Jw_cad」アプリケーションを選択し、起動する。

Ⅰ部
JW_CAD 建築製図の基本

1 建築製図の基礎知識

JW_CADで図面を描く前に、建築製図に必要な知識を確認する。

01 ▶ 設計図面の種類と関係

　決定したデザインを実現するために作成する実施設計図は、下表のように意匠図、構造図、設備図として、図面の機能・目的から分けられる。本書では意匠図（建築図面）のうち、大学の卒業設計など自由設計課題で求められる配置図、平面図、立面図、断面図、透視図と建築CAD検定で出題される平面詳細図の作図方法を学ぶ。

	図面名称	内容	縮尺
	表　　　紙	作品名、設計者設計期日を記入	―
	建築概要書	建物の規模、階数、構造、設備の概要を記入	―
	仕　様　書	工法、使用材料の種別、等級・方法、メーカーなどを明示	―
	面　積　表	建築面積、延床面積、建蔽率、容積率などを記入	―
	仕　上　表	外部・内部の表面仕上材や色彩などを指示	―
	案　内　図	敷地環境・都市計画的関連、方位、地形などを記入。必ず北を上にする	1:500〜3,000
	配　置　図	敷地、道路、隣地、方位、建物の配置、アプローチ、庭園樹木などを記入	1:100、200、500
意匠図（建築図面）	平　面　図	部屋の配置を平面的に示したもの（各階の床面から1〜1.5m程度の高さの水平断面を図面化）	1:50、100、200、300
	立　面　図	建物の外観を表し、通常は東西南北の4面	1:50、100、200、300
	断　面　図	建物の垂直断面を示したもので、通常主要部を2面以上。建物と部屋の断面形状、階高、軒高、天井高など垂直寸法関係を示す	1:50、100、200、300
	矩　計　図	建物と地盤、垂直方向の各部寸法の基準や基準詳細を示す	1:20、30、50
	詳　細　図	出入口、窓、階段、便所、その他主要部分の平面・断面・展開などの詳細な納まりを示す	1:5、10、20、30
	展　開　図	各室の内部壁面の詳細を示す（北から時計周りに描く）	1:20、30、50、100
	天井伏図	天井面の仕上材、割付、照明の位置などを記入	1:50、100、200、300
	屋根伏図	屋根面の見下ろし図で、形状、仕上げ、勾配などを記入	1:50、100、200、300
	建　具　表	建具の形状・材料、付属金物、錠など数量や仕上げを示す	1:30、50
	現　寸　図	実物大の各部詳細を示す	1:1
	透　視　図	外観や内観の雰囲気や空間構成を理解しやすいように絵で表現したもの	―
	日　影　図	建築基準法で定められた方法により、冬至における日照状況を描いたもの	1:100、200、300
	積　算　書	コストプランニングや工事概算など	―
構造図	仕　様　書	特記事項の記入、構造概要・工法・材料などの指定	―
	杭　伏　図	地質調査結果との関係、位置・大きさなどを示す	1:100、200
	基礎伏図	基礎の位置・形状などを示す	1:100、200
	床　伏　図	床材の位置・大きさ・形状などを示す	1:100、200
	梁　伏　図	梁材の位置・大きさ・形状などを示す	1:100、200
	小屋伏図	小屋梁、材料の大きさ・位置・構法などを示す	1:100、200
	軸　組　図	柱・間柱・梁・筋かいなどの垂直架構材を主に示す	1:100、200
	断面リスト	柱・梁・床・階段などの断面リスト、詳細を示す	1:20
	矩　計　図	柱・梁の垂直方向の架構詳細図	1:20、50
	詳　細　図	架構部分の構造別詳細を示す	1:5、10、20
	構造計算書	構造設計図の根拠となるもの、強度計算	―

設備図	仕　様　書	設備のシステムや工法・材料・メーカーなどの指定	―
	電気設備図	盤結線図、配電図、系統図、平面図、各部詳細図、機器・器具一覧表	1:100、200
	給排水衛生設備図	計算書、配電図、系統図、平面図、各部詳細図、機器・器具一覧表	1:100、200
	空調設備図	熱計算書、配電図、系統図、平面図、各部詳細図、機器・器具一覧表	1:100、200
	ガス設備図	配電図、系統図、平面図、各部詳細図、機器・器具一覧表	1:100、200
	防災設備図	配電図、系統図、平面図、各部詳細図、機器・器具一覧表	1:100、200
	昇降機設備図	平面詳細図・断面図・機器表など	1:20、100

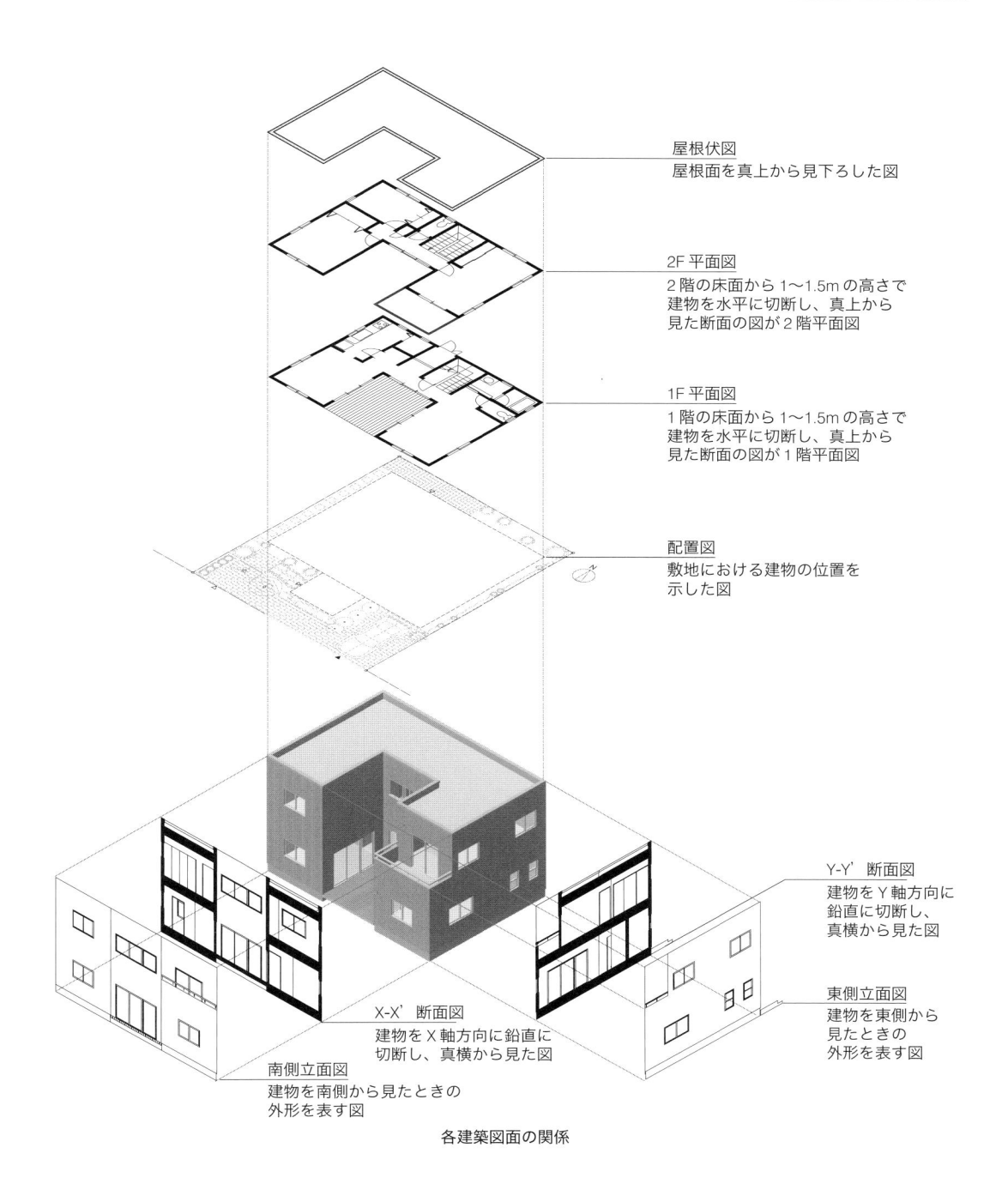

屋根伏図
屋根面を真上から見下ろした図

2F 平面図
2 階の床面から 1〜1.5m の高さで建物を水平に切断し、真上から見た断面の図が 2 階平面図

1F 平面図
1 階の床面から 1〜1.5m の高さで建物を水平に切断し、真上から見た断面の図が 1 階平面図

配置図
敷地における建物の位置を示した図

Y-Y' 断面図
建物を Y 軸方向に鉛直に切断し、真横から見た図

東側立面図
建物を東側から見たときの外形を表す図

X-X' 断面図
建物を X 軸方向に鉛直に切断し、真横から見た図

南側立面図
建物を南側から見たときの外形を表す図

各建築図面の関係

02 ▶ 用紙のサイズ

　建築製図では、一般的に ISO（国際規格）による A 判系列の用紙が用いられる。この規格は元の用紙とそれを半分に切った半切りの用紙が相似形となるよう、縦と横の長さの比を 1：√2 としている。1m² をこの比率で除した縦 841mm ×横 1,189mm を基準となる A0 とし、その半切りが A1、さらにその半切りが A2…となる。また、A 判の 1.5 倍の面積を持つ B 判系列などが用いられることもある。これも縦横比は 1：√2 となっている。

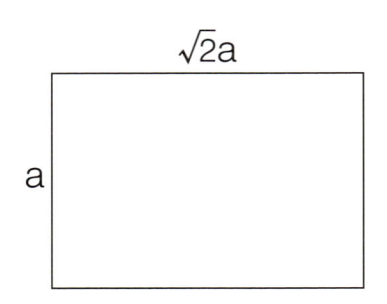

◆A 判系列

◆B 判系列

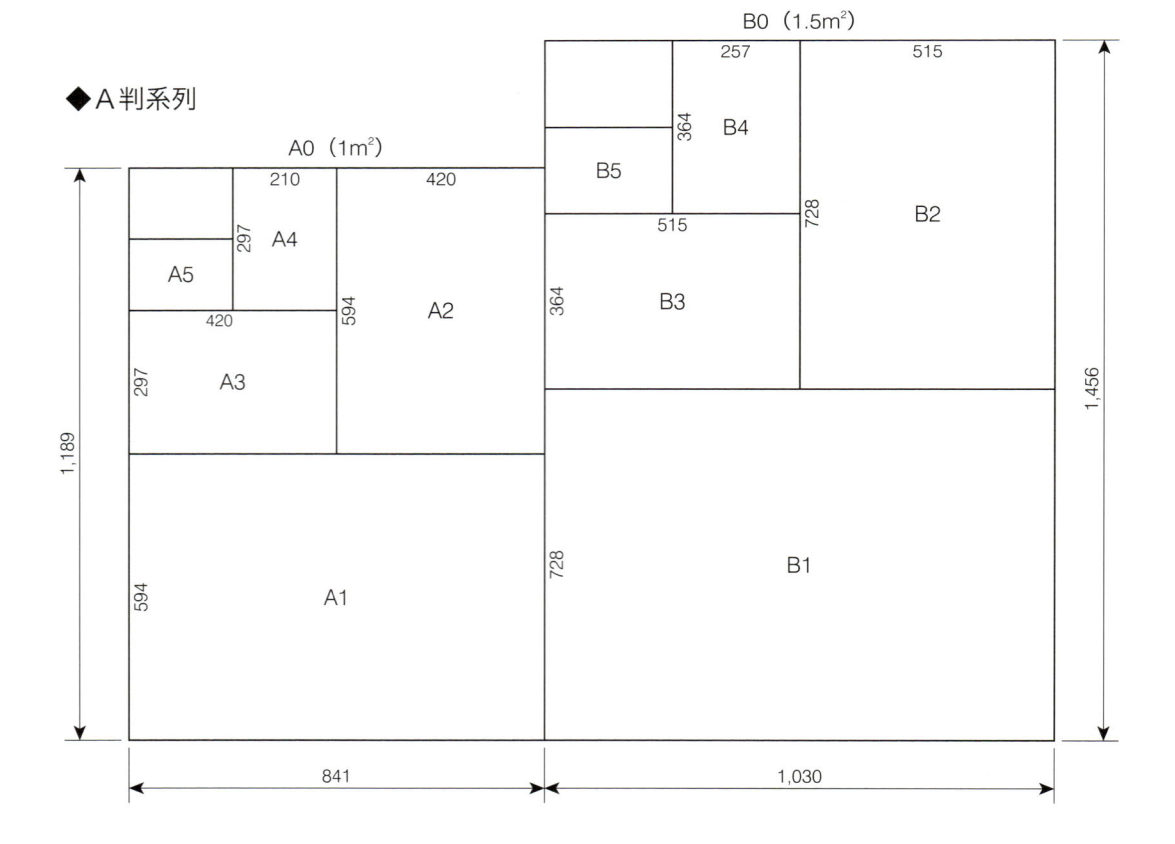

03 ▸ 表示記号

03-1 線の種類と用途

　図面における線は種類と太さによって、用途別に使い分けられる。JIS A0150 によると、線の種類は実線・破線・点線・一点鎖線・二点鎖線の 5 種類で、太さは太い線・細い線・その中間線の 3 種類とされており、およそ 1：2：4 程度の比率である。これらの線は、設計図面の中で慣習的なルールによって使い分けられているが、基本的には実存する線を実線で描き、その中でも重要な線を太線で描く。一方、鎖線は想定または想像される線に、破線は存在するが見えない線に使用される。下表は本書で用いる用途別の線の種類である。

線の種類			図面における用途
実線	太線	———————	断面線・GL 線
	中線	———————	外形線
	細線	———————	見え掛かり線・寸法線・寸法補助線・引出線・ハッチング
鎖線	中線	—・—・—・—・—	隣地境界線・道路境界線
	細線	—・—・—・—・—	基準線・中心線・切断線
破線		-------------	隠れ線
点線		・・・・・・・・・	想像線
ジグザグ線		—∧—	破断線

03-2　建具表示記号

主な建具の表示記号を以下に示す。

平面記号	断面記号	立面記号	姿図
出入口一般			
引き違い戸			
引き込み戸			
折れ戸			
片開き扉			
両開き扉			
引き違い窓			
両開き窓			
はめ殺し窓			
上吊り回転窓			
上げ下げ窓			

2 JW_CAD の基本操作

JW_CAD に用意されている中の、最小限のツールを用いて、「平面図」「立面図」「断面図」を描くための基本的な操作を学ぶ。

01 ▶ 画面の構成

①タイトルバー
編集中のファイル名が表示される。

②メニューバー
プルダウンメニューから、コマンドを実行する。ほぼすべてのコマンドが収録されている。

③コントロールバー
実行中のコマンドによって表示は変わる。
各コマンドの設定・入力を行う。

- 作図(1)ツールバー
- 作図(2)ツールバー
- 編集(1)ツールバー
- 編集(2)ツールバー
- 作図ウインドウ
- メインツールバー
- レイヤツールバー
- レイヤグループツールバー
- 設定ツールバー

④メッセージバー
作図していく上で、次に必要な操作が表示される。いつもここを確認しながら作業をする。

⑤用紙サイズ
現在の用紙サイズが表示されている。
このボタンを 🖱 で表示されるメニューから、適当な用紙サイズを指定する。

⑥縮尺
現在の縮尺が表示されている。
このボタンを 🖱 で表示されるダイアログから、縮尺の変更ができる。

⑦書き込みレイヤ
現在の書き込みレイヤの番号・名前が表示される。
このボタンを 🖱 すると「レイヤ設定ダイアログ」が開き、レイヤ設定ができる。

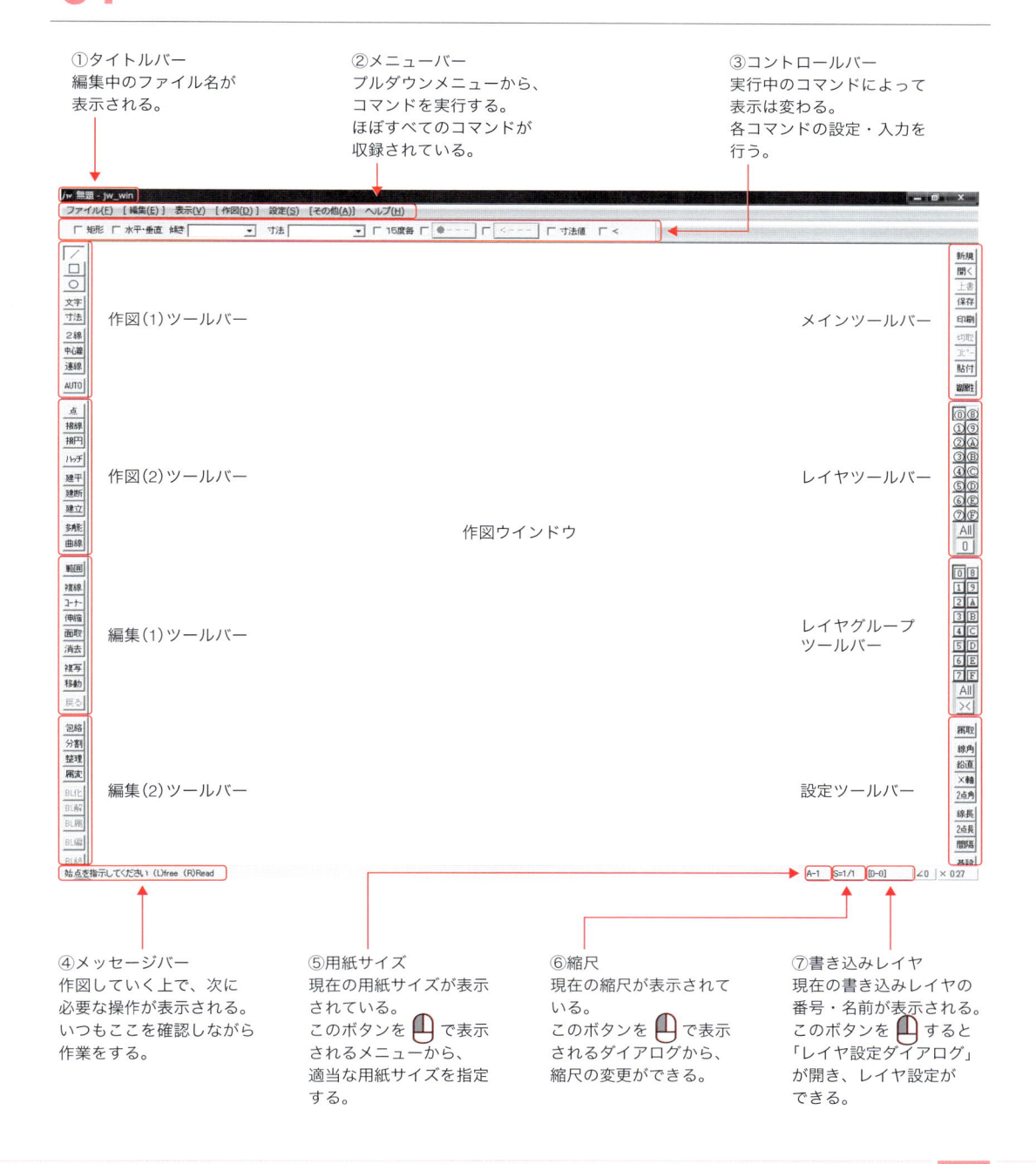

15

🔍 POINT

▶ツールバーの管理
①メニューバーの[表示(V)]から[ツールバー(T)]を🖱し、表示させたいツールバーを選択する。

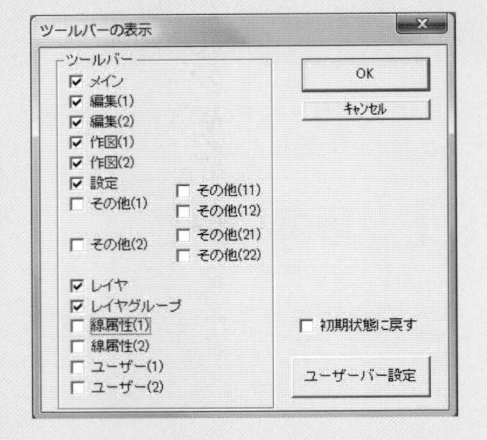

②リサイズカーソルでツールバーを適切な大きさに変形する。

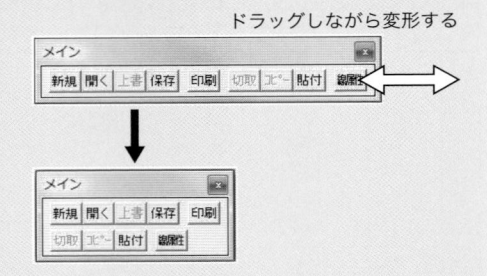

ドラッグしながら変形する

③ツールバーの上枠（名前が書かれた箇所）をドラッグし、左右のバーに収める。

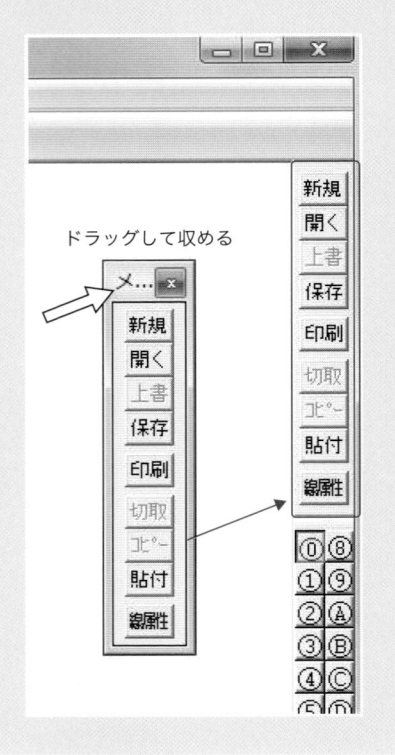

ドラッグして収める

02 ▶ ファイルの保存

①メニューバーの［ファイル(F)］から［名前を付けて保存(A)］を選ぶ。

②ファイル選択ダイアログが表示される。ファイルを保存したいディレクトリを して開いてから、[新規] を する。

③新規作成ダイアログが表示されるので、ファイル名を入力し [OK] を押す。

POINT
JW_CAD の保存形式は jww である。dxf など別の形式のファイルとしても保存できる。

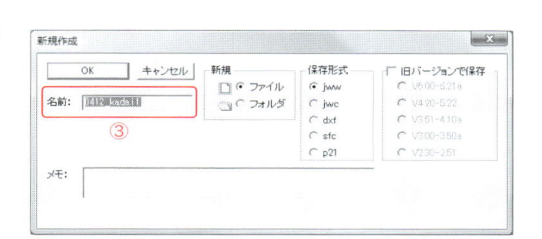

④ファイル選択画面に保存したファイルが名前つきで表示される。

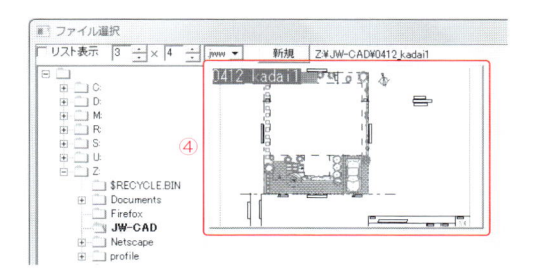

03 ▶ 線

03-1　直線

①左端のツールバーから / を選ぶ。🖱

②水平、垂直にチェック☑を入れる。🖱

③始点🖱、終点🖱する。

```
POINT
◆1　●---にチェック☑を入れると、始点側に●つきの線が描ける。
◆2　<---にチェック☑を入れると、始点側に矢印つきの線が描ける。

　　　　始点←————終点

◆　●---をクリックするごとに記号の位置を変更することができる。
　　---● ⇨ ●--● ⇨ ●--- の順序で変更する（<---も同様）。
◆　点の色は寸法設定の「矢印・点色」に対応する。
```

03-2　寸法指定直線

①左端のツールバーから / を選ぶ。🖱

②水平、垂直にチェック☑を入れる。🖱

③寸法ボックス［　　　▼］に値を入力する。
　【ボックスを🖱⇨ 数字入力】

④始点🖱、線を描きたい方向で終点🖱する。

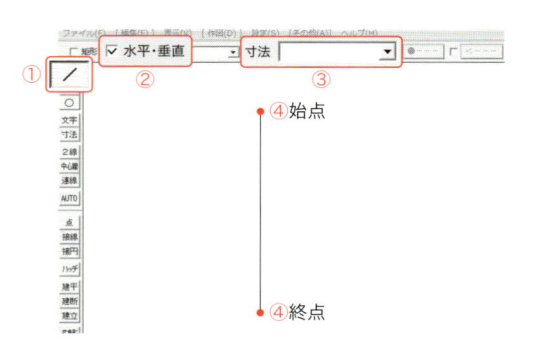

03-3　角度指定直線

① 左端のツールバーから / を選ぶ。🖱

② 傾きボックス ▭▼ に値を入力する。【ボックスを🖱 ⇨ 数字入力】

③ 始点🖱、終点🖱 する。

✓ CHECK
角度 50°は「50」と入力。5/10 の傾斜を描く際は「//0.5」と入力。

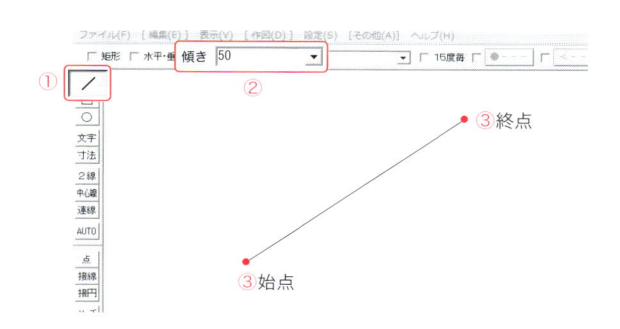

03-4　鉛直線

① 左端のツールバーから / を選ぶ。🖱

② 右下のツールバーから [鉛直] を選ぶ。🖱

③ 鉛直線を引きたい線🖱 をすると、線の角度が画面の左上に表示される。

④ 始点🖱、終点🖱 する。

🔍 POINT
他のツールに切り替えるまで、鉛直線の角度が保持される。

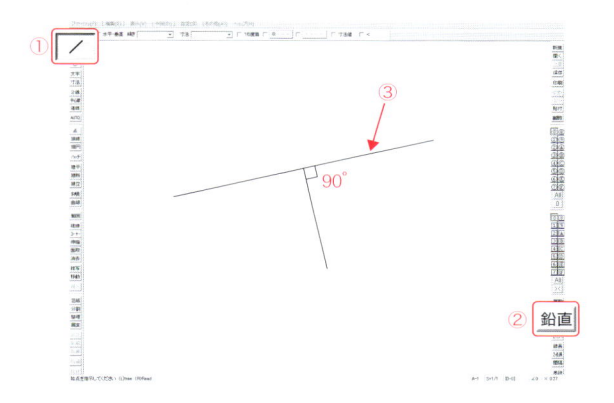

03-5　線の消去

① 左端のツールバーから [消去] を選ぶ。🖱

② 消去対象線を選ぶ。🖱

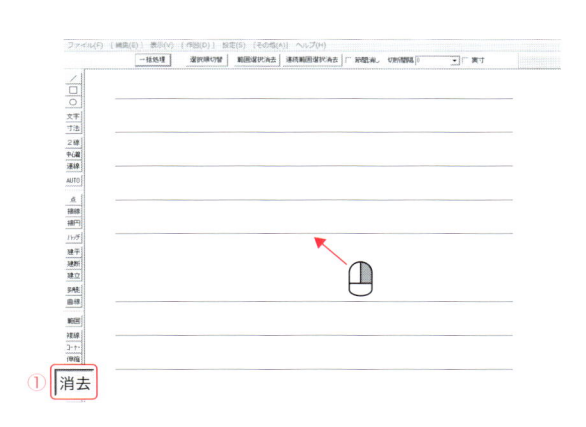

03-6　線の部分消去

①左端のツールバーから [消去] を選ぶ。🖱

②消去対象線を選ぶ。🖱

③消去始点 🖱、消去終了 🖱 する。

🔍 POINT
[節間消し]にチェック☑を入れて、消したい部分を 🖱 してもよい。

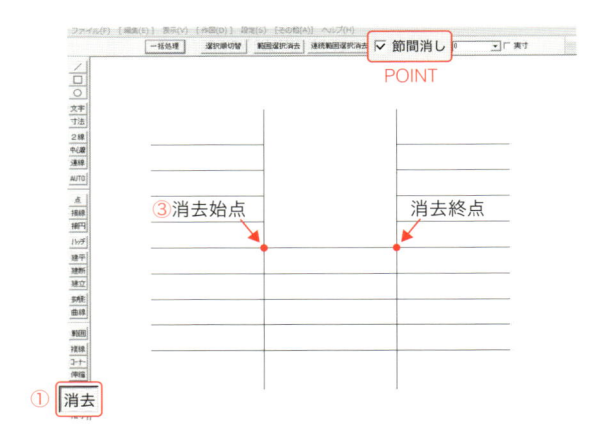

03-7　線の伸縮

①左端のツールバーから [伸縮] を選ぶ。🖱

②伸ばしたい（縮めたい）線を選ぶ。🖱

③伸ばしたい（縮めたい）場所で 🖱 する。

☑ CHECK
線を縮める場合は、②の際に線の残す側を 🖱 すること。

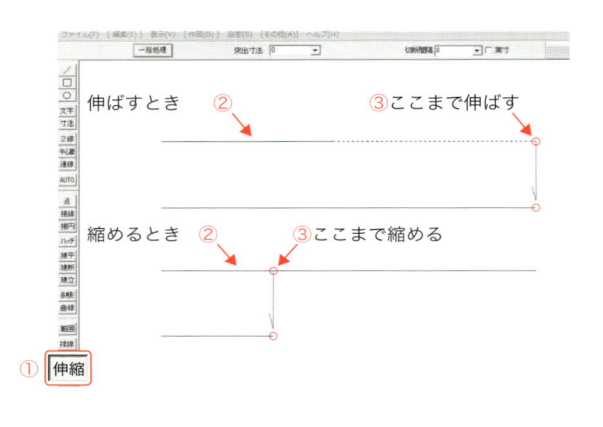

🔍 POINT
◆図形の選択
①[範囲]を 🖱 し、選択したい図形を囲むように左上（始点）を 🖱 すると赤い実線で選択エリアが現れる。
②次に右下（終点）で再度 🖱 すると、選ばれた図がピンク色の表示に変わり、選択された状態となる。
＊右図の場合、選択される図形はｃ、ｄのみ。図形全体が選択エリアに入っているものだけが選択される。選択を追加、または一部解除したい場合は、対象となる図形を 🖱 する。

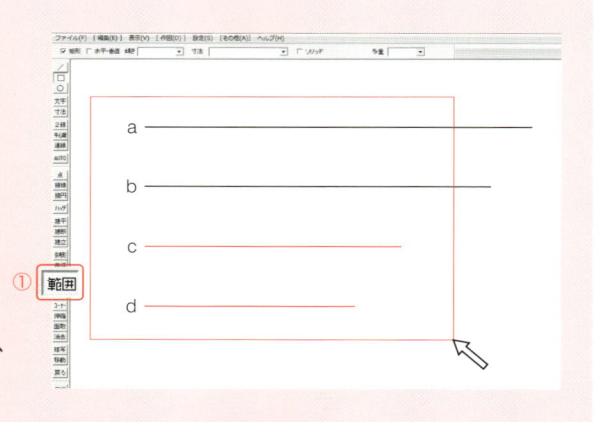

🔍 POINT

▶「スナップ」と右クリックと左クリック
「スナップ」とは"飛びつく""噛み付く"という意味を持つ。
マウスで画面上の位置を決めるとき
　　・線分や図面の端部（端点）、交点
　　・線分上や円の垂直線、中心点
などを容易に正確に指定することができる。

JW_CADでスナップできる読み取り点は、仮点・実点、線や円弧の端点、線や円弧の交点、文字列の左下・右下の点などである。

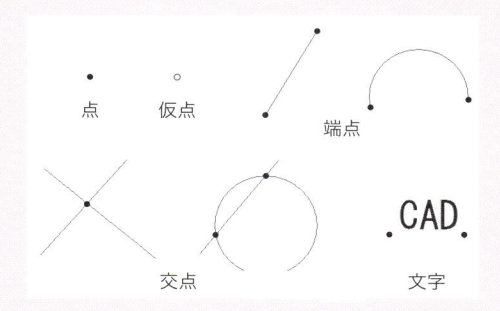

◆任意点指示
特定の点にスナップせずに、画面上の任意の点を使いたいとき、マウスの🖱で指す。メッセージバーに［(L) free］と表示されている場合は、任意の点を指定することができる。

◆読み取り点スナップ
「端点」「交点」「接点」を読み取り点といい、これらはマウスの🖱によって指示する。メッセージバーに［(R)Read］と表示されている場合は、読み取り点を指定することができる。スナップしたい点を中心に、画面上で半径2〜3mm程度以内の範囲であれば、目的の点から少々はずれていても、正確にスナップすることができる。

＊クリック時に長押し（左ドラッグ、右ドラッグ）をすると、「クロックメニュー」が実行されるので注意すること。クロックメニューとは時計の形をしたメニュー表示のことで、作業の効率化に便利な機能であるが、少しの操作ミスによりコマンドが切り替わる場合があるため、クリック操作に慣れるまでは以下のようにクロックメニューを使用しない設定ができる。
　①メニューバーの［設定(S)］→［基本設定(S)］
　　→「一般(1)」タブを選ぶ
　②クロックメニューを使用しない にチェック

POINT

▶画面表示の操作
画面上の表示領域の拡大・縮小などの変更は、マウスの両ボタンクリックやドラッグ 🖱 で操作できる。

```
         縮小              全体
         ドラッグ↖    ↗ドラッグ
              ( マウス )
         ドラッグ↙    ↘ドラッグ
         前倍率   クリック   拡大
                  移動
```

◆移動（クリック）
移動 と表示されてからボタンを離すと、🖱 した場所を中心とした画面が表示される。

◆拡大（右下ドラッグ）
🖱 した地点を始点に四角エリアが現れる。ボタンを離した時点でエリアが決定され、拡大図面が表示される。（①画面→②画面に）

◆縮小（左上ドラッグ）
縮小 と表示されてからボタンを離すと、画面が一段階縮小表示になる。（②画面→③画面）

◆前倍率（左下ドラッグ）
前倍率 と表示されてからボタンを離すと、直前の表示画面（倍率）に戻る。（③画面→④画面）

◆全体（右上ドラッグ）
全体 と表示されてからボタンを離すと、初期倍率の画面が表示される。（④画面→①画面）
全体 の表示範囲を変更したいときは、画面倍・文字表示設定ダイアログを開き、表示範囲記憶を 🖱 する。詳細は次ページ「表示範囲の設定」参照。

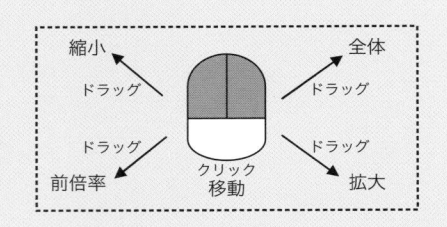

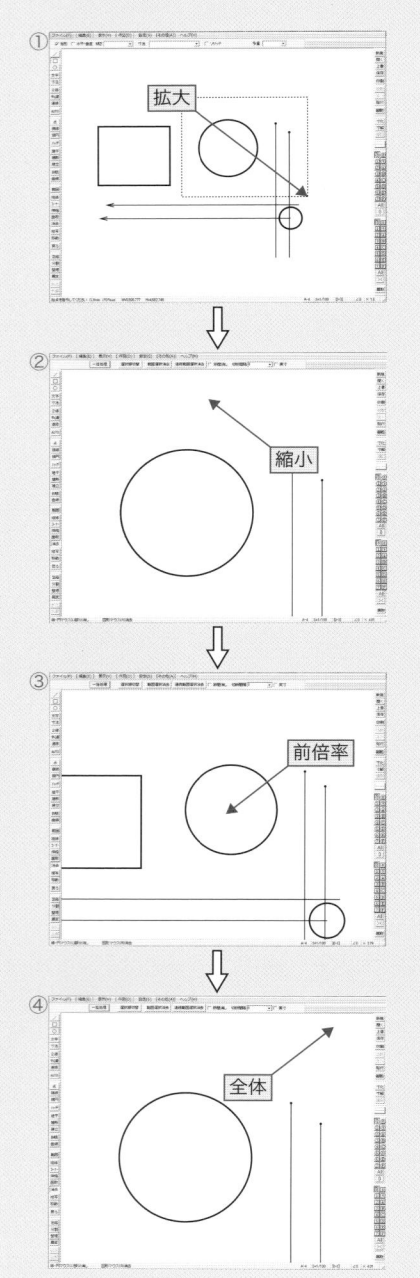

🔍 POINT

▶表示範囲の設定
全体表示で表示される領域は、以下の方法で自由に設定することができる。

①全体表示として記憶設定したい画面を拡大や縮小を用いて画面の中央に表示する。

②画面右下の画面倍率を 🖱 する。

③画面倍率・文字表示設定ダイアログが開くので、[表示範囲記憶] を 🖱 する。

④設定した画面が両ボタン右上ドラッグ 🖱 の [範囲] で表示される。

⑤画面倍率・文字表示設定ダイアログの [記憶解除] を 🖱 すると初期設定の表示エリアに戻る。

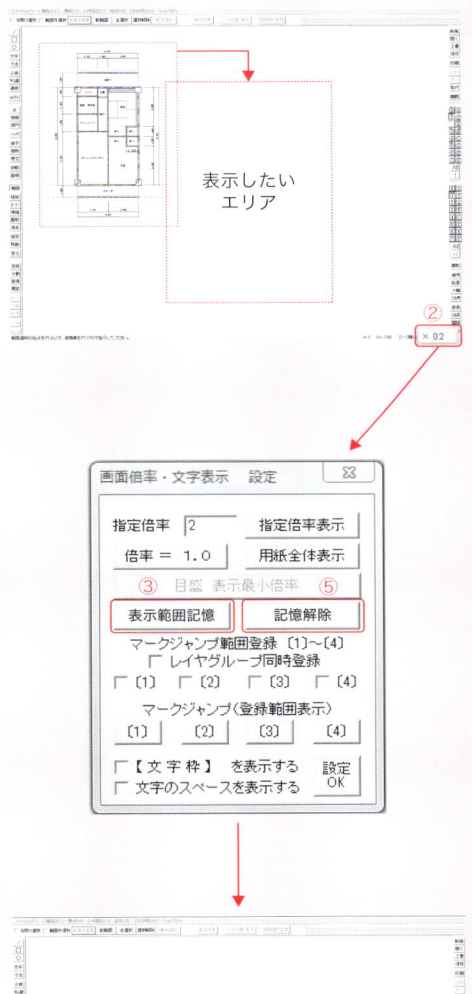

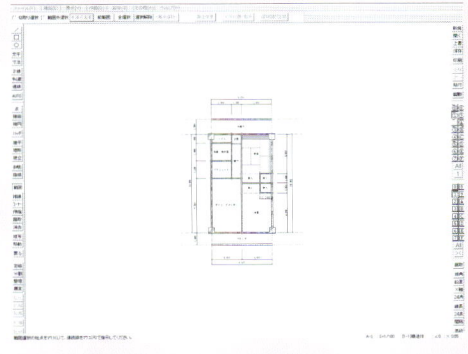

🔍 POINT

▶線の種類と変更

◆線属性

①メインツールバーから[線属性]を選ぶ。

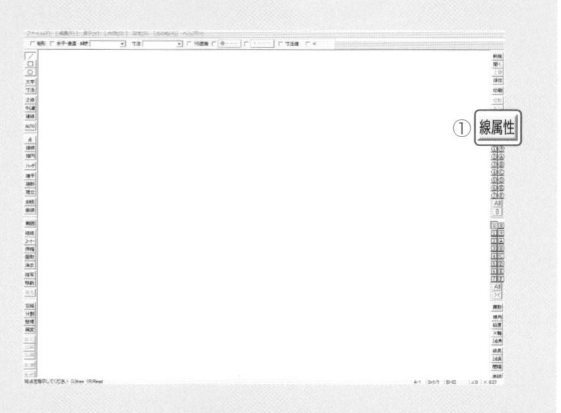

②線属性ウインドウが表示され、書き込み状態になっている「線種」と「線色」ボタンにチェック☑がつき表示される。ここで描きたい線種と、線色ボタンを🖱し、[OK]を🖱することで、線属性を変更することができる。

◆基本設定画面での線の編集

メニューバーの[設定(S)]→[基本設定(S)]→「色・画面」を選ぶ。
ここで、モニター上の線色と線幅、および印刷時の線色と線幅を別々に設定できる。

①色の配合指定。
②線幅の指定。

画面要素にある「補助線色」は、モニター上では表示されるが、印刷時には出力されない線種である。
＊p.75[印刷時の線色・線幅とピッチの変更]を参照

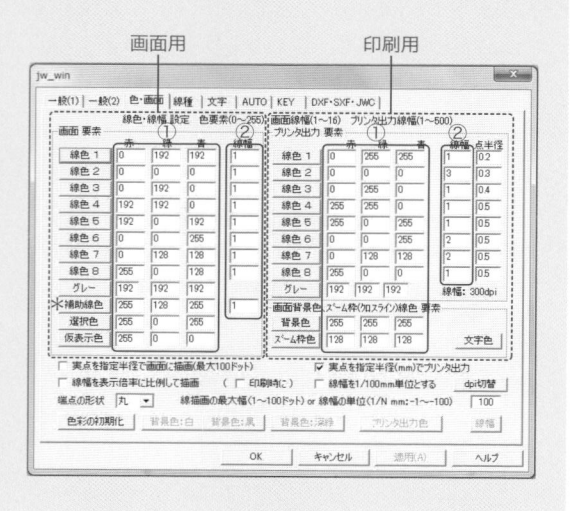

04 ▶ 中心線・2線・複線

04-1 中心線
（2本の直線の間に中心線を引く）

① 左端のツールバーから 中心線 を選ぶ。🖱

② 1番目の線を指定。🖱

③ 2番目の線を指定。🖱

④ 中心線の始点 🖱、終点 🖱 を決める。

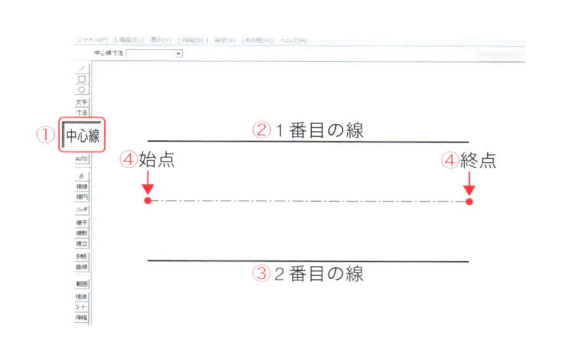

04-2 2線
（一点鎖線直線の両側に2本線を引く）

① 左端のツールバーから 2線 を選ぶ。🖱

② 2線の間隔ボックスに 20 , 10 値を入力。
【ボックスを 🖱 ⇒数字入力】

③ 2線の基準となる線を指定。🖱

④ 始点 🖱、終点 🖱 する。

✓ CHECK
基準線からの間隔が逆に仮表示された場合は、数値を入れ直さず 間隔反転 を選ぶ。

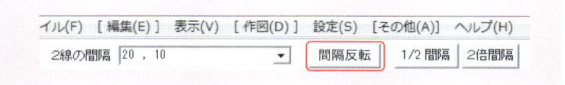

🔍 POINT
（20,10）の入力は（20..10）と入力してから Enter キーを押してもよい。

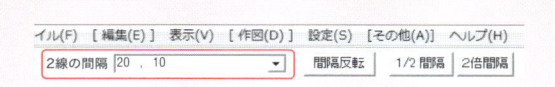

04-3　連続2線

① 左端のツールバーから 2線 を選ぶ。🖱

② 2線の間隔ボックスに 10 , 10 ▼ 値を入力。
　【ボックスを 🖱 ⇒数字入力】

> 🔍 **POINT**
> 両方の間隔が等しい場合は、片方の寸法を入力(10)し、Enter キーを押すだけでよい。

③ 2線の基準となる線を指定。🖱

④ 始点を 🖱 する。

⑤ 基準線を変更する。
　【新基準線上で 🖱 🖱】

⑥ 終点 🖱 をする。
＊長さを基準線に揃えるときは、④と⑥を 🖱 してスナップさせる。

04-4　2線の留線

上の2線の描画時に、留線機能を使うと端線の処理が簡単にできる。

① 04-3 の①〜③を行う。

② 留線にチェック☑を入れ、留線出に伸ばしたい長さの数値を入れる。

③ 始点 🖱 で、手前に数値分の閉じられた2線が作成される。終点 🖱 で、進行方向に数値分の閉じられた2線が作成される。

> ☑ **CHECK**
> 留線は一度使われると、チェック☑が消え、留線機能がなくなる。終点でも留線を使いたい場合は、終点を 🖱 する前に留線に再度チェックを入れるか、留線常駐にチェック☑を入れる。

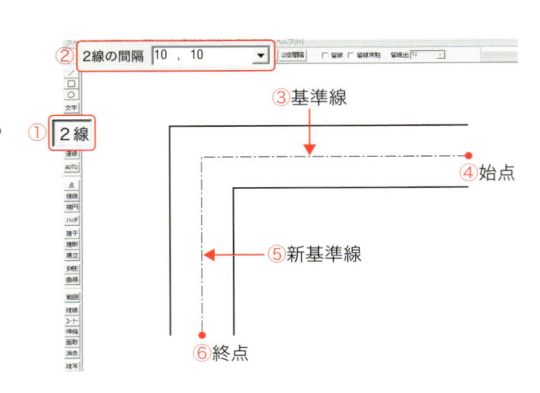

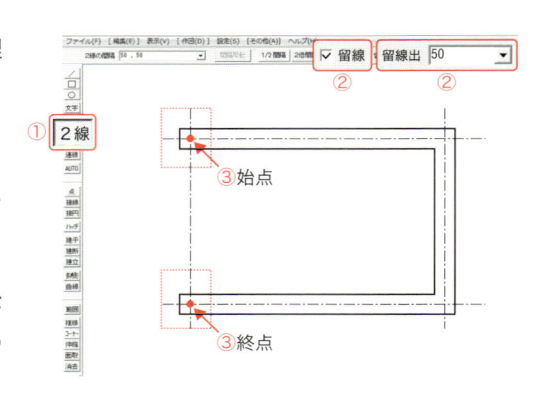

04-5 複線

① 左端のツールバーから 複線 を選ぶ。🖱

② 基準線を指定する。🖱

③ 複線間隔ボックスに 20 ▼ 値を入力。
【ボックスを 🖱 ⇒ 数字入力】

④ 作図方向を指定する。🖱

⑤ 描きたい線の本数回分 連続 を 🖱 。

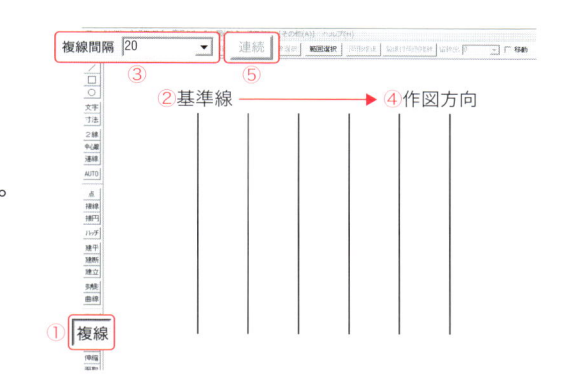

🔍 POINT

◆ 端点指定 を利用すると、基準線と異なる長さの線が描ける。端点指定を 🖱 した後、開始端点①を 🖱 、終了端点②を 🖱 し、方向を決めて確定 🖱 する。

◆ 連続線選択 を利用すると、複数の連続した線に対して、一度に複線を引くことができる。連続線選択を 🖱 した後、連続線の方向（内側か外側）を決めて確定 🖱 する。

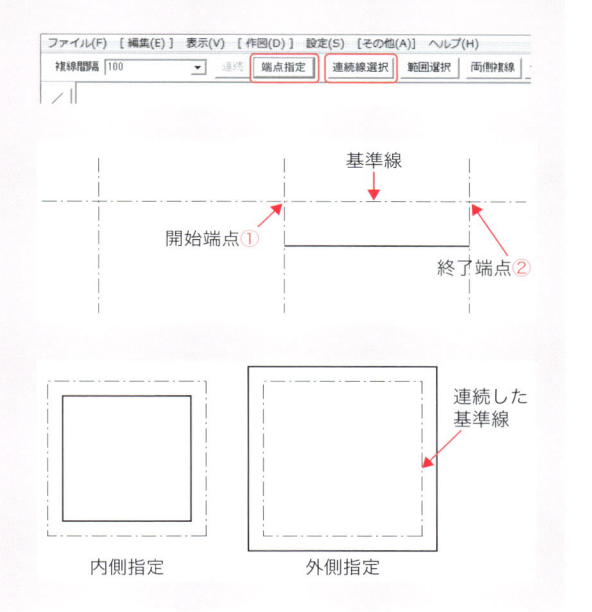

05 ▶ 矩形

05-1　矩形（任意）

①左端のツールバーから □ を選ぶ。🖱

②始点🖱、終点🖱する。

05-2　矩形（指定）

①左端のツールバーから □ を選ぶ。🖱

②寸法ボックスに [x , y] 値を入力する。
　【ボックスを🖱⇒数字入力】

③配置の基準となる点を選ぶ。🖱

④配置位置を確定する。🖱

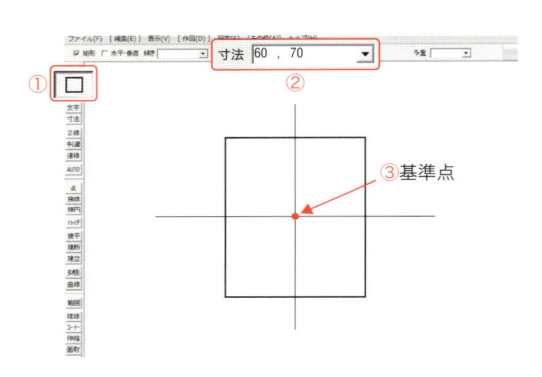

🔍 POINT

矩形を挿入する場合、右図のように9つの箇所がスナップされる。

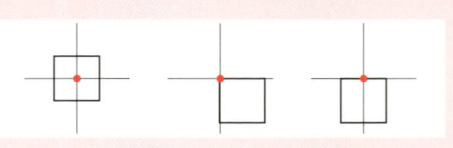

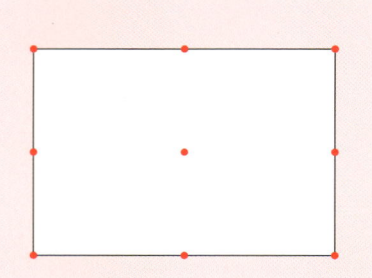

06 ▶ 円・円弧・楕円・多角形・連線

06-1　円（指定寸法・配置）
　　　　（2線の交点を中心に円を描く）

①左端のツールバーから ○ を選ぶ。

②半径ボックスに 50 ▼ 値を入力。
　【ボックスを 🖱 ⇒数字入力】

③中心点を決める。🖱

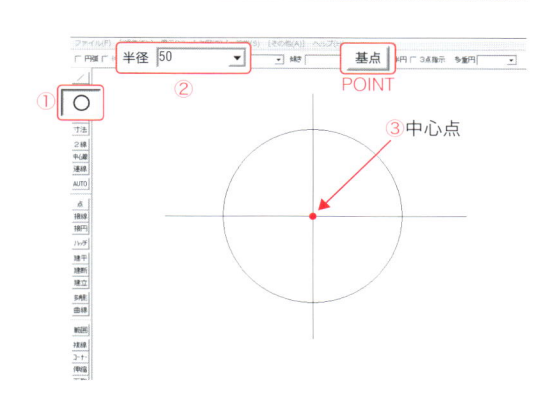

🔍 POINT
[基点] を 🖱 すると、基準点変更ができる。
寸法無指定の場合は、
[基点]→[外側]→[中央]→[外側]→…
寸法を入力した場合は、
[中・中]→[左・上]→[左・中]→[左・下]→[中・下]→[右・下]→[右・中]→[右・上]→[中・上]→…

06-2　円弧（指定点）

①左端のツールバーから ○ を選ぶ。🖱

②円弧にチェック☑を入れる。🖱

③円弧の中心点を決める。🖱

④円弧の始点を決める。🖱

⑤円弧の終点を決める。🖱

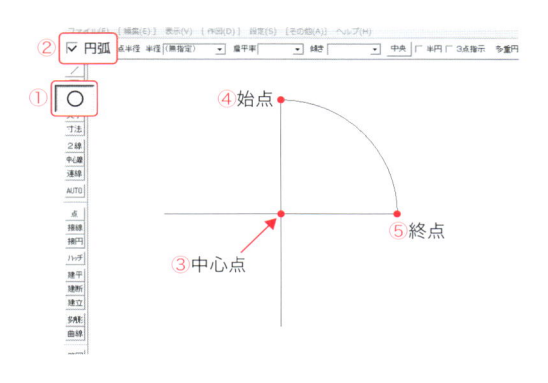

🔍 POINT
三点指示にチェック☑を入れると、🖱
or 🖱 した三点を通る円弧を描くことができる。

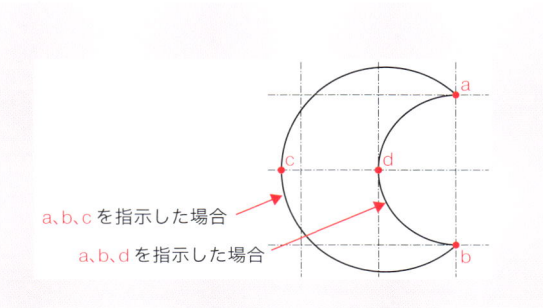

a、b、c を指示した場合
a、b、d を指示した場合

06-3 楕円

① 左端のツールバーから ◯ を選ぶ。🖱

② 半径、扁平率ボックスに [75 ▼] 値を入力。
　【ボックスを🖱⇒数字入力】
＊この数値は、横幅を 1 とした、縦幅の変形パーセンテージ。

③ 中心点を決める。🖱

06-4 多角形

① [多角形] を選ぶ。🖱

② [辺寸法指定] を選択する。🖱

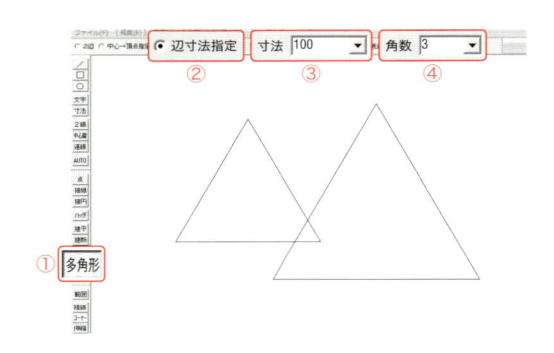

③ 寸法ボックス [　　▼] に値を入力する。
　【ボックスを🖱⇒数字入力】

④ 角数ボックス [　　▼] に値を入力する。
　【ボックスを🖱⇒数字入力】

⑤ 配置位置を指示する。🖱

🔍 POINT
寸法や角数ボックスでは、一般的な数値や、一度入力した数値は登録されるため、プルダウンから数値を選択することもできる。

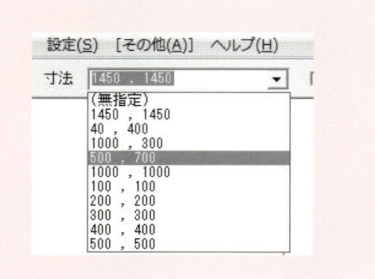

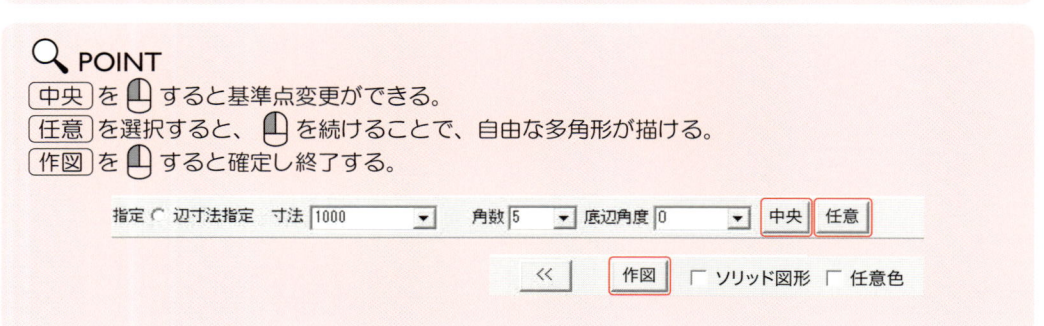

🔍 POINT
[中央] を🖱すると基準点変更ができる。
[任意] を選択すると、🖱を続けることで、自由な多角形が描ける。
[作図] を🖱すると確定し終了する。

06-5　連続線

①作図ツールバーから [連線] を選ぶ。🖱

②配置位置を指定しながら連続線を描く。🖱

🔍 **POINT**
[基準角度] を 🖱 するごとに 15 度→ 45 度→フリーに変化する。

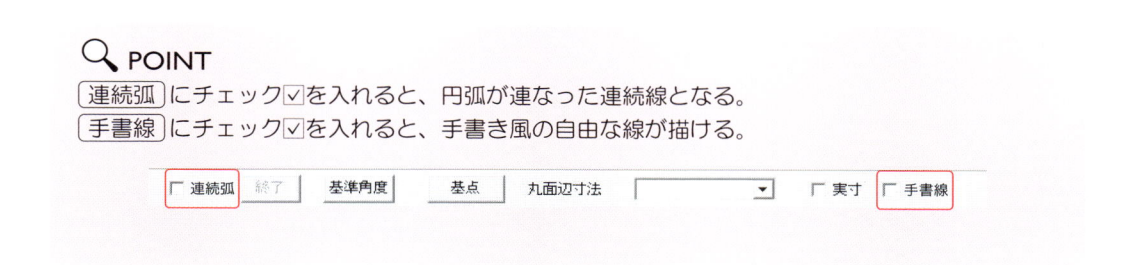

③ 🖱 🖱 または [終了] で終了。

🔍 **POINT**
[連続弧] にチェック☑を入れると、円弧が連なった連続線となる。
[手書線] にチェック☑を入れると、手書き風の自由な線が描ける。

07 ▶ 練習問題　　　　　　　　　　　　　　　　建築 CAD 検定対応

以下の条件に従って右図を完成させなさい。
図には名称と全体寸法のみ記載すること。
- 用紙サイズ：A4
- 縮尺　　　：1/20
- 線色 5
- 実線 or 点線 2

07-1　冷蔵庫（650＊650）

＊ p.28［矩形（指定）］を参照

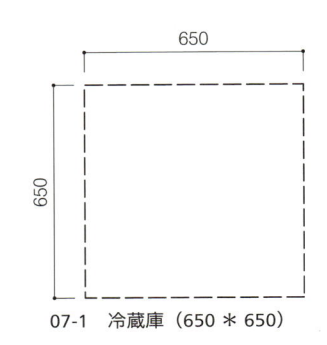

07-1　冷蔵庫（650＊650）

07-2　シングルベッド（2,000＊1,000）

＊ p.28［矩形（指定）］を参照

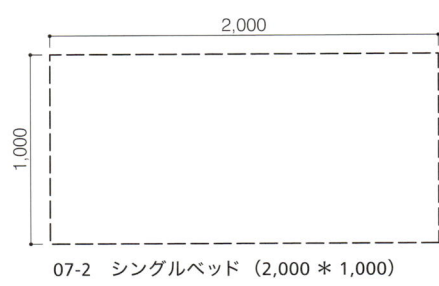

07-2　シングルベッド（2,000＊1,000）

07-3　畳（1,800＊900/1 枚）

＊ p.28［矩形（指定）］を参照

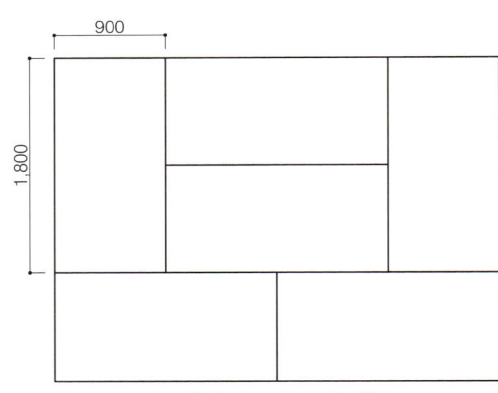

07-3　畳（1,800＊900/1 枚）

07-4　食卓（1,200＊750）

椅子はテーブルの角から X 軸方向に 100mm、Y 軸方向に 50mm 離れた位置に配置する。

＊ p.27［複線］を参照
＊ p.28［矩形（指定）］を参照

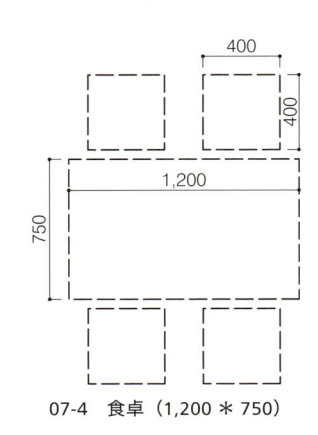

07-4　食卓（1,200＊750）

07-5　システムキッチン（2,730 ＊ 650）

円ツールの寸法は、直径 150mm とする。

＊ p.27［複線］を参照
＊ p.28［矩形（指定）］を参照
＊ p.29［円（指定寸法・配置）］を参照

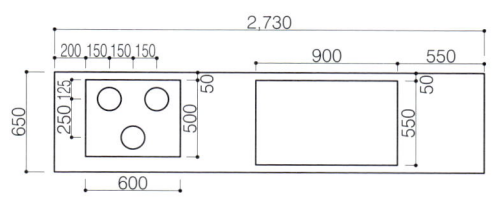

07-5　システムキッチン（2,730 ＊ 650）

07-6　洗面（750 ＊ 600）

＊ p.27［複線］を参照
＊ p.28［矩形（指定）］を参照
＊ p.30［楕円］を参照

☑ CHECK
扁平率は、縦直径÷横直径を計算すること。

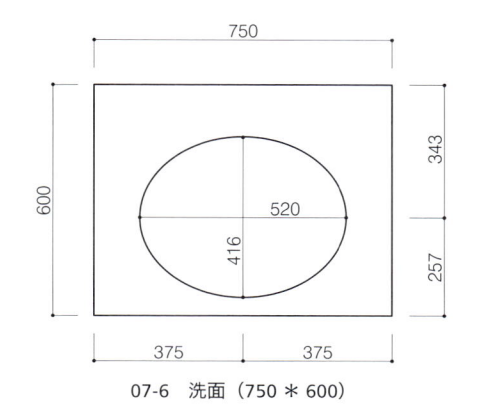

07-6　洗面（750 ＊ 600）

07-7　便器（440 ＊ 760）

＊ p.20［線の部分消去］を参照
＊ p.27［複線］を参照
＊ p.28［矩形（指定）］を参照
＊ p.30［楕円］を参照

☑ CHECK
部分消しでは、左回りで線が消去されるので注意すること。

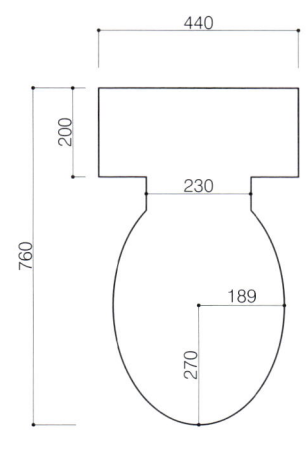

07-7　便器（440 ＊ 760）

08 ▶ 伸縮・コーナー・面取・移動・複写

08-1　線の一括伸縮

① 左端のツールバーから [伸縮] を選ぶ。🖱

② [一括処理] を選ぶ。🖱

③ 伸縮基準線を選ぶ。🖱

④ 一括伸縮の始線を指定。🖱
　　　　終線を指定。🖱

⑤ 始点から点線が現れ、選ばれた線がピンク表示になる。

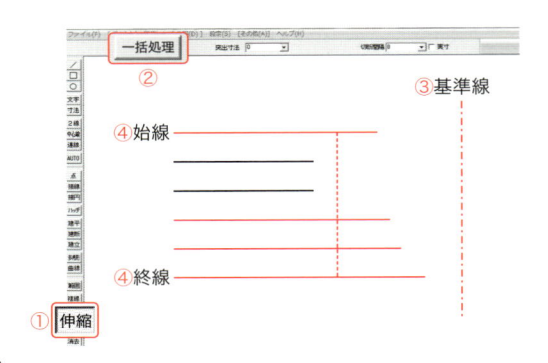

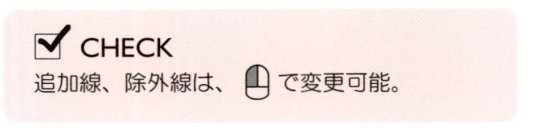

> ☑ **CHECK**
> 追加線、除外線は、🖱 で変更可能。

⑥ 任意位置での 🖱、または [処理実行] を 🖱 で、選択された線が伸縮される。

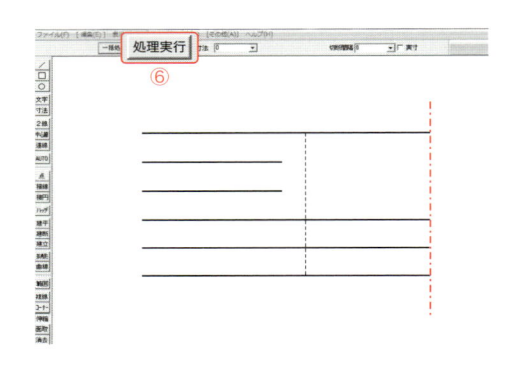

08-2　線の一括部分消去

① 左端のツールバーから [消去] を選ぶ。🖱

② [一括処理] を選ぶ。🖱

③ 消し始めの基準線を選ぶ。🖱
　消し終りの基準線を選ぶ。🖱

④ 一括部分消去の始線を指定。🖱
　　　　　　　終線を指定。🖱

⑤ 始点から点線が現れ、選ばれた線がピンク表示になる。

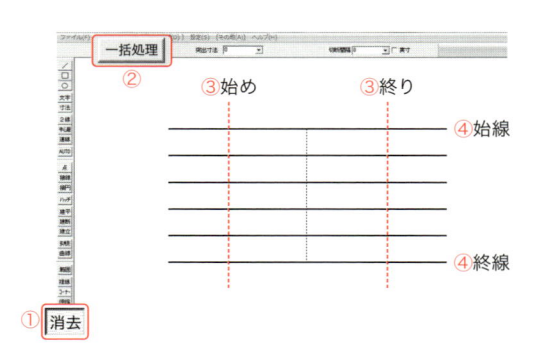

> ☑ CHECK
> 追加線、除外線は、🖱 で変更可能。

⑥任意位置での🖱、または 処理実行 を🖱で、
選択範囲内が消去される。

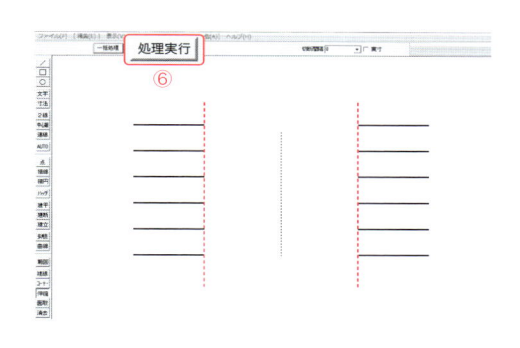

08-3　線分のコーナー連結

①左端のツールバーから コーナー を選ぶ。🖱

②1番目の線の残す側を選ぶ。🖱

③2番目の線の残す側を選ぶ。🖱

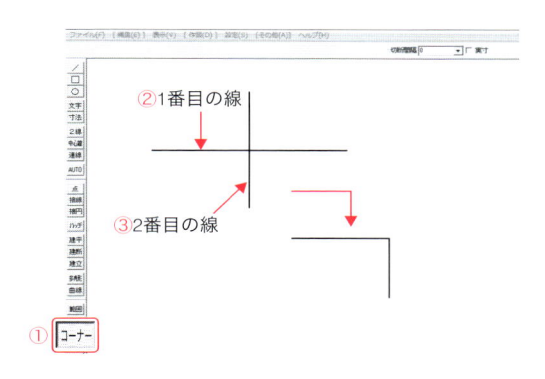

08-4　線の面取

①左端のツールバーから 面取 を選ぶ。🖱

②角面（辺寸法）にチェック◉を入れる。🖱

③寸法ボックス ▭▼ に値を入力。🖱
【ボックスを🖱⇒数字入力】

④1番目の線の残す側を選ぶ。🖱

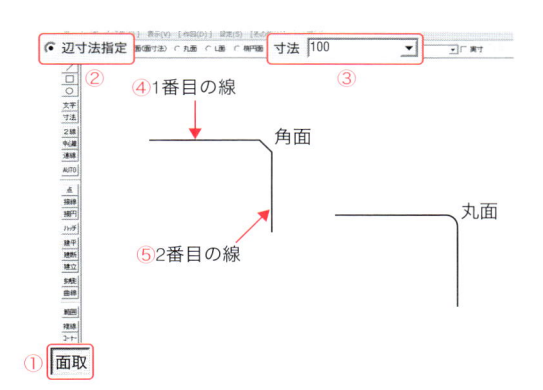

⑤2番目の線の残す側を選ぶ。🖱

🔍 POINT
その他、角面（面寸法）、丸面、L面、楕円面がある。

角面（辺寸法）
2辺のサイズを指定し、それらの辺で切り取られた面を作成する。

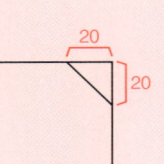

角面（面寸法）
面取りの面サイズを指定する。

08-5　図の移動

① 左端のツールバーから [移動] を選ぶ。🖱

② 移動範囲始点 🖱 と終点 🖱 で、対象範囲を囲む。

③ [選択確定] を選ぶ。🖱

④ カーソルの先に選択された図形が付いてくるので、移動させたい位置で 🖱 する。

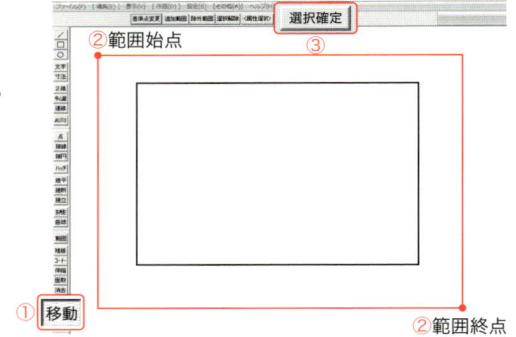

✅ CHECK
数値位置ボックスに値を入力して、移動させることもできる。

✅ CHECK
倍率や回転角ボックスに値を入力すると、サイズを変えたり、回転させたりできる。

✅ CHECK
基準点変更（基点変更）
選択確定後の図形は、通常図形の中心に基準点（赤い丸で表示される）が設定されている。この基準点を利用してスナップ（🖱）し、図形を正確な位置に移動することができる。基準点の位置を図形のコーナーなどに変更したい場合は、[基準点変更] を選択し、新たに設定したい位置でスナップ（🖱）する。

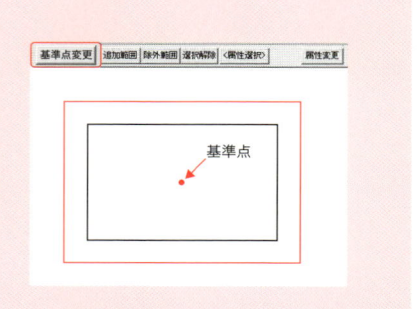

08-6　図の複写

① 左端のツールバーから [複写] を選ぶ。🖱

② 移動範囲始点 🖱 と終点 🖱 で、対象範囲を囲む。

③ [選択確定] を選ぶ。🖱

④ カーソルの先に選択された図形が付いてくるので、移動させたい位置で 🖱 する。

⑤ 複写したい回数を繰り返す。

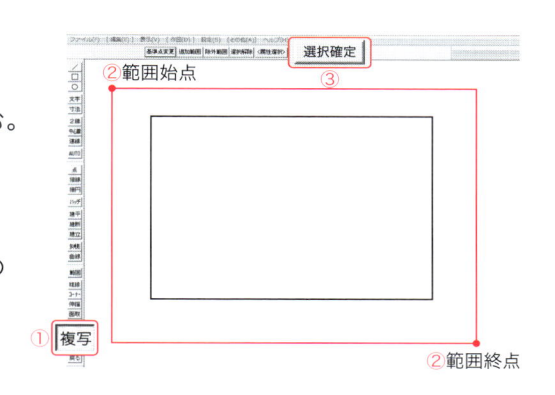

☑ **CHECK**
数値位置ボックスに値を入力して、複写することもできる。

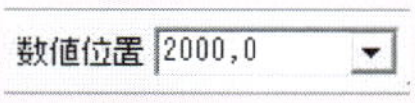

☑ **CHECK**
倍率や回転角ボックスに値を入力すると、サイズを変えたり、回転させたりしたものを複写できる。

☑ **CHECK**
基準点変更（基点変更）
選択確定後の図形は、通常図形の中心に基準点（赤い丸で表示される）が設定されている。この基準点を利用してスナップ（🖱）し、図形を正確な位置に複写することができる。基準点の位置を図形のコーナーなどに変更したい場合は、[基準点変更] を選択し、新たに設定したい位置でスナップ（🖱）する。

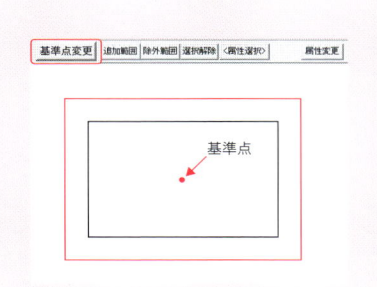

08-7　図の反転複写

①左端のツールバーから 複写 を選ぶ。🖱

②複写範囲始点 🖱 と終点 🖱 で、対象範囲を囲む。

③ 選択確定 を選ぶ。🖱

④ 反転 を選ぶ。🖱

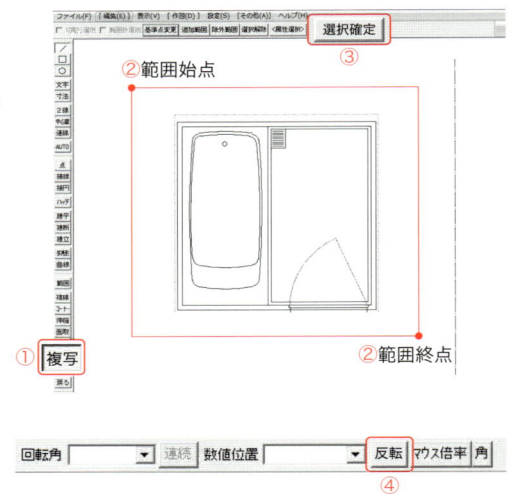

⑤軸となる基準線を指定する。🖱

⑥基準線の反対側に線対称の形で複写される。

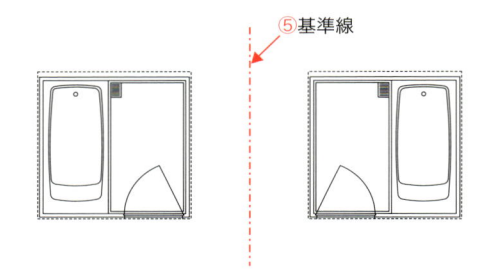

🔍 POINT
◆範囲選択の追加と除外
範囲選択後でも選択範囲を追加・除外できる。

＊ 追加範囲 を 🖱 し、追加したい範囲を囲むと、対象範囲に追加される。

＊ 除外範囲 を 🖱 し、除外したい範囲を囲むと、対象から外される。

＊線を個別に 🖱 しても、選択・除外ができる。選択された線はピンクになり、再度 🖱 すると除外されて元の色に戻る。

09 ▶ 練習問題

建築 CAD 検定対応

以下の線を描き、右図を完成させなさい。

09-1 洗濯機パン（645 ＊ 800）

＊ p.27 ［複線］を参照
＊ p.28 ［矩形（指定）］を参照
＊ p.29 ［円（指定寸法・配置）］を参照
＊ p.35 ［線の面取］を参照

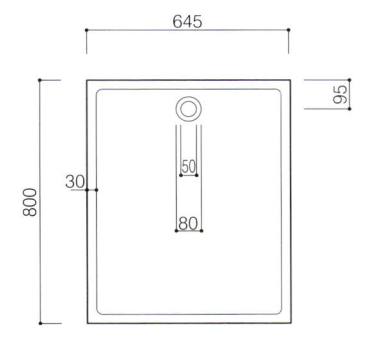

09-1 洗濯機パン（645 ＊ 800）

09-2 バスタブ（1,350 ＊ 750）

＊ p.27 ［複線］を参照
＊ p.28 ［矩形（指定）］を参照
＊ p.35 ［線の面取］を参照

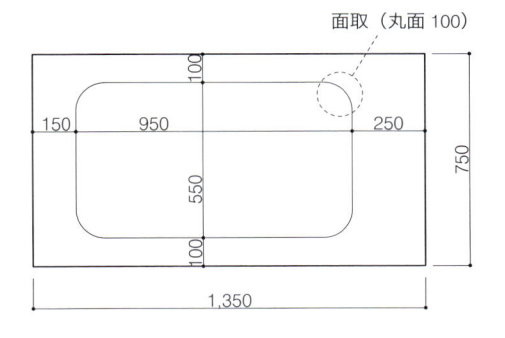

面取（丸面 100）

09-2 バスタブ（750 ＊ 1,350）

10 レイヤ

10-1 レイヤの概念

レイヤ（layer＝画層）とは、同じ図面を階層に分けて描く機能のことである。CAD で描く図面は、透明な紙（トレーシングペーパー等）の重なりであると考えると理解しやすい。

図面を仕上げる過程では、種類別に各種の線を異なるレイヤに書き分ける。必要に応じて表示したり、非表示にしたりすることができ、合理的な作図や編集作業が可能になる。また、それぞれのレイヤを重ねて表示することで、図面が完成する。

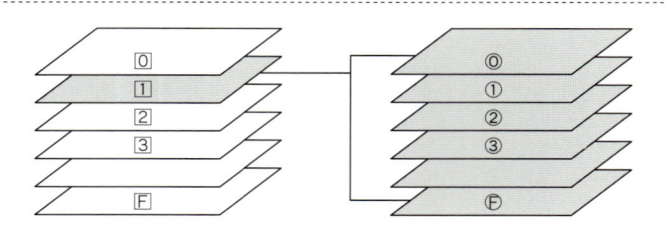

透明のトレーシングペーパーの重なりで、1 枚の図面を完成させるイメージ

JW_CAD では、0 〜 F の 16 枚のレイヤをまとめて 1 グループを構成し、さらにそのグループが 0 〜 F の 16 グループ用意されている（16 レイヤグループ ×16 レイヤ ＝ 256 枚のレイヤがある）。すなわち、1 つのファイル内で、16 枚の図面（レイヤグループ）が保存でき、1 枚の図面につき 16 枚のトレーシングペーパー（レイヤ）を用いて描くことができる。

なお、JW_CAD におけるレイヤは、例えば3レイヤグループの⑤レイヤと、Dレイヤグループの⑤レイヤのように、異なるレイヤグループの同じ番号のレイヤ同士が連動することはないため、それぞれのレイヤ内における編集が可能である。

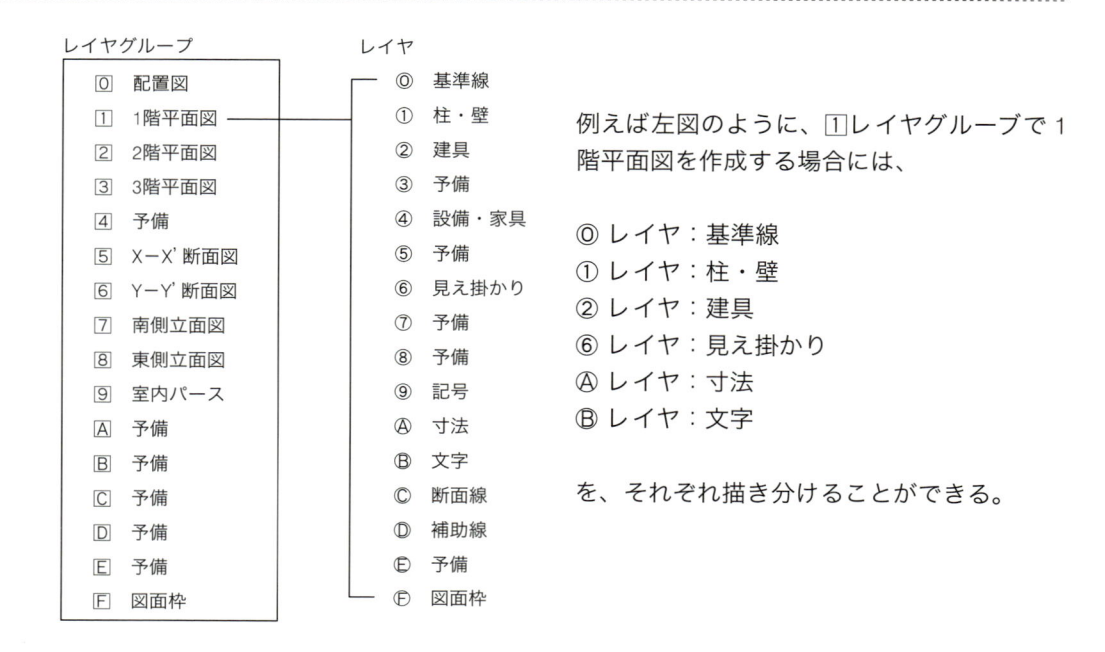

レイヤグループ	レイヤ
0 配置図	⓪ 基準線
1 1階平面図	① 柱・壁
2 2階平面図	② 建具
3 3階平面図	③ 予備
4 予備	④ 設備・家具
5 X－X' 断面図	⑤ 予備
6 Y－Y' 断面図	⑥ 見え掛かり
7 南側立面図	⑦ 予備
8 東側立面図	⑧ 予備
9 室内パース	⑨ 記号
A 予備	Ⓐ 寸法
B 予備	Ⓑ 文字
C 予備	Ⓒ 断面線
D 予備	Ⓓ 補助線
E 予備	Ⓔ 予備
F 図面枠	Ⓕ 図面枠

例えば左図のように、1レイヤグループで 1 階平面図を作成する場合には、

⓪レイヤ：基準線
①レイヤ：柱・壁
②レイヤ：建具
⑥レイヤ：見え掛かり
Ⓐレイヤ：寸法
Ⓑレイヤ：文字

を、それぞれ描き分けることができる。

レイヤグループの分類例

[0] 配置図

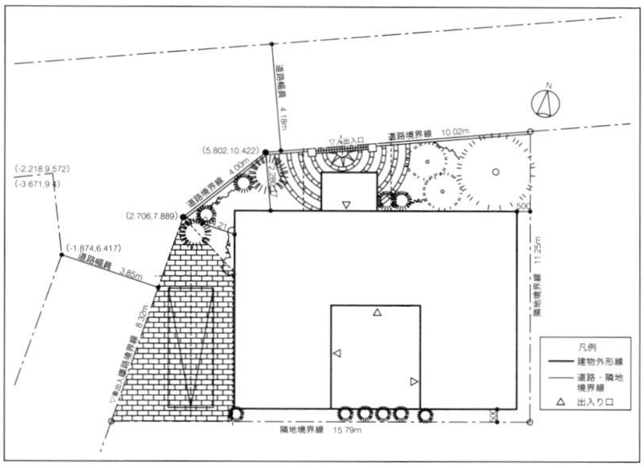

[1] 1階平面図

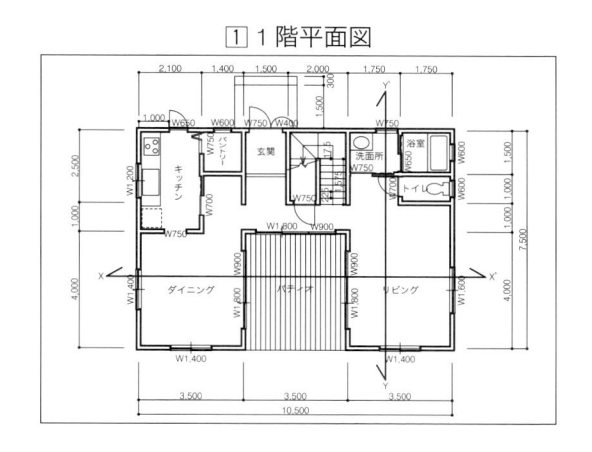

[6] Y-Y' 断面図

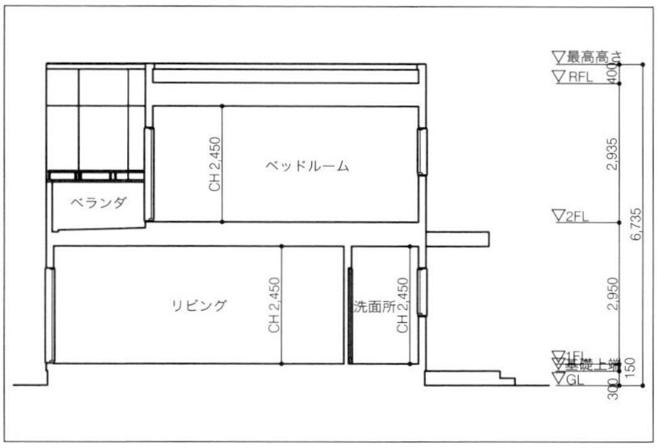

[7] 南側立面図

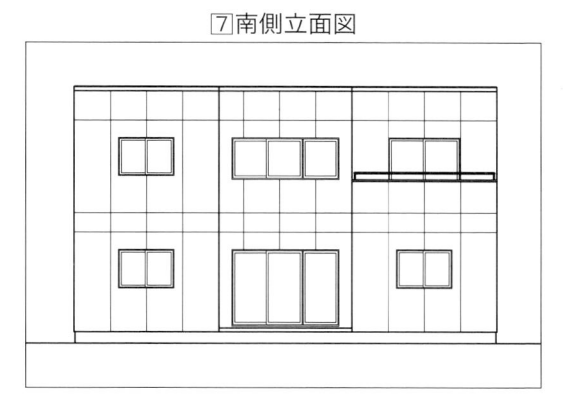

レイヤの分類例（[1]グループレイヤ：1階平面図）

[0] 基準線

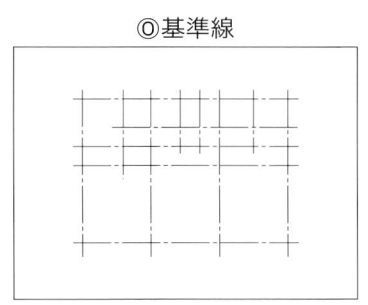

[1] 柱・壁

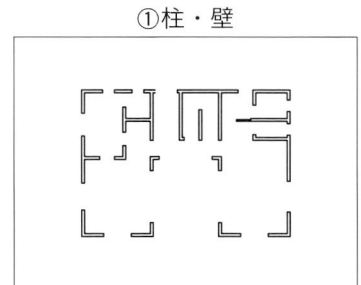

[2] 建具

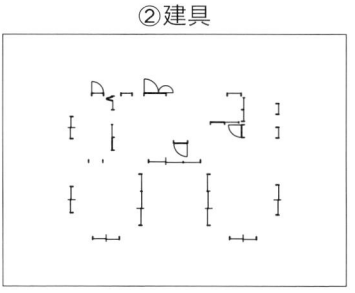

[6] 見え掛かり

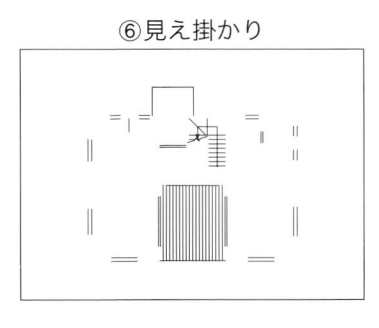

[A] 寸法

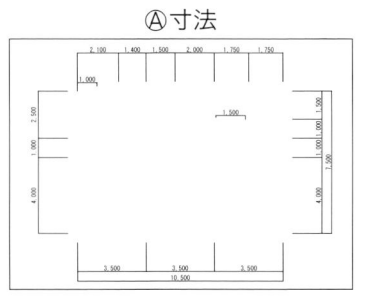

[B] 文字

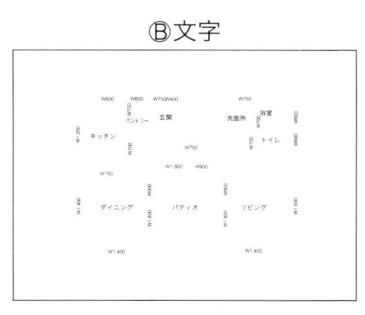

10-2　レイヤツールバーの基本操作

レイヤの表示・非表示・編集可・編集不可などは、以下の4通りに変更することができる。

a　書込みレイヤ（赤丸○で囲まれた英数字）
線や文字が書き込み状態にあるレイヤ。作図および編集が可能で、全レイヤ中で一つだけ選択できる。

b　編集可能レイヤ（黒丸で囲まれた英数字）
通常どおり表示され、編集ができる。

c　表示のみレイヤ（英数字のみの表示）
作図時に指定した線色とは無関係に、すべて薄グレーで表示される。スナップはできるが、編集はできない。

d　非表示レイヤ（英数字が非表示）
レイヤ内に作図されているか否かに関わらず、画面上に何も表示されない。

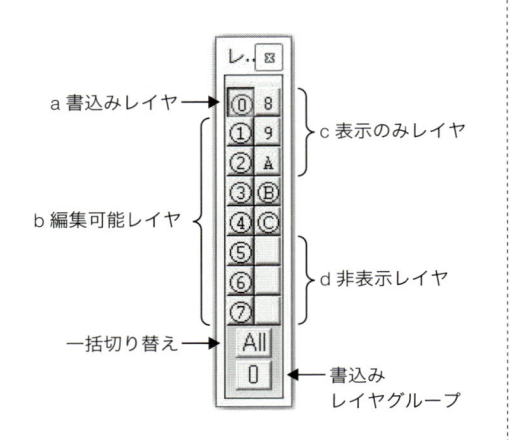

（1）書込みレイヤ：
　　・Ⓐレイヤを「書込みレイヤ」にするときは、Ⓐレイヤボタンを🖱する。

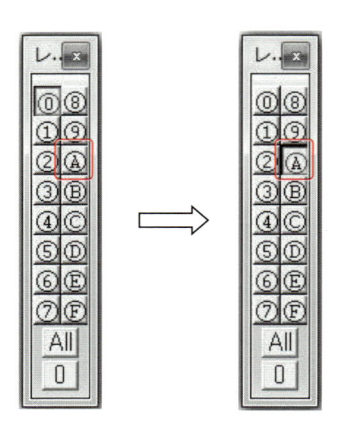

> **POINT**
> 「書込みレイヤ」ボタン（Ⓐレイヤ）を、さらに🖱すると、画面内の書込みレイヤデータがピンク色に表示され、書込みレイヤ内のデータが確認できる。

(2) レイヤ表示・編集状態の変更：
- ①レイヤを「非表示」にするときは、①レイヤボタンを🖱する。
- レイヤの状態は🖱ごとに「非表示レイヤ」⇒「表示のみレイヤ」⇒「編集可能レイヤ」と繰り返される。

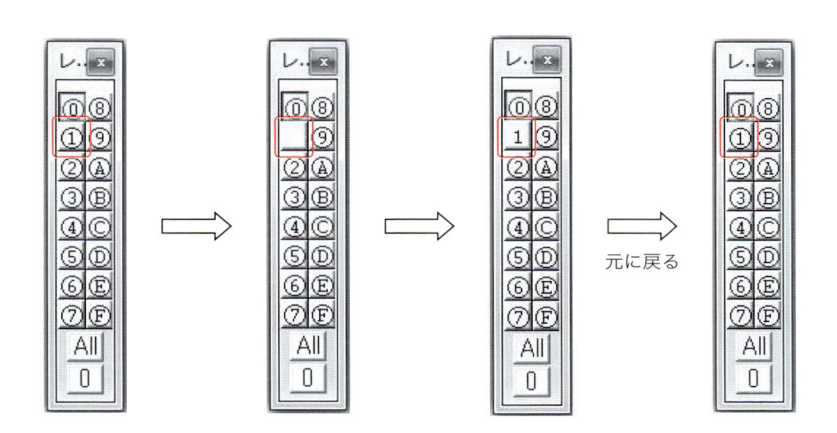

(3) レイヤの表示・編集状態の一括変更：
- 書込みレイヤ（◎レイヤ）以外のレイヤを、一括で「非表示」にするときは、ALLボタンを🖱する。
- レイヤの状態は、🖱ごとに「非表示レイヤ」⇒「表示のみレイヤ」⇒「編集可能レイヤ」と繰り返される。

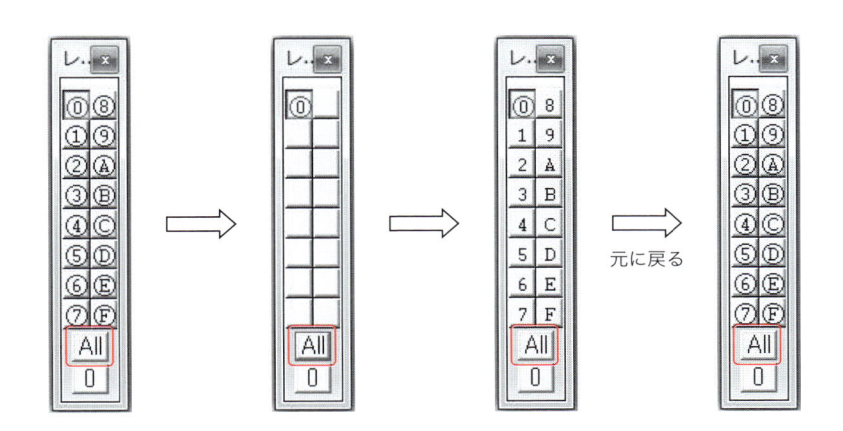

🔍 POINT
ALLを🖱すると、「書込みレイヤ」以外のすべてのレイヤが「編集可能レイヤ」に切り替わる。

（4） レイヤのロック：
　・書込みレイヤ以外のレイヤを、Ctrl を押しながら 🖱 すると、ロックがかかり、マウスで操作できない状態になる。ロック解除の際は、再度 Ctrl を押しながら 🖱 する。

←ロックがかかった状態

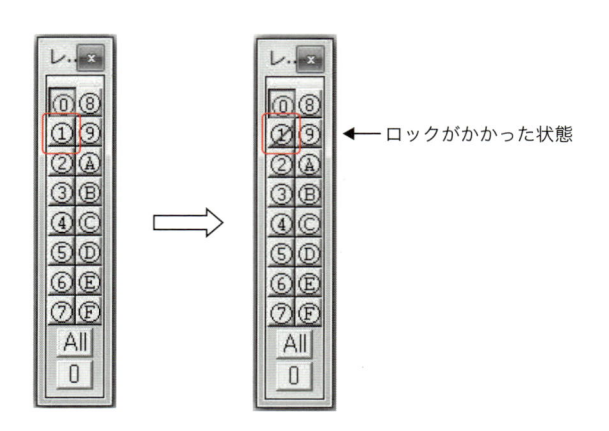

（5） 線の書込み・文字の書込みの表示：
　・線と文字が書き込まれたレイヤには、紫色の印（バー）がつく。

　　　左上の紫色バーは、線の書込みがあることを示す。

　　　右上の紫色バーは、文字の書込みがあることを示す。

10-3 レイヤグループツールバーの基本操作

レイヤグループの表示・非表示・編集可・編集不可などは、以下の4通りに変更することができる。

a　書込みレイヤグループ
　　（赤矩形で囲まれた英数字）
線や文字が書込み状態にあるレイヤグループ。作図および編集が可能で、全レイヤグループ中で一つだけ選択できる。

b　編集可能レイヤグループ
　　（黒矩形で囲まれた英数字）
通常どおり表示され、編集ができる。

c　表示のみレイヤグループ（英数字のみの表示）
作図時に指定した線色とは無関係に、すべて薄グレーで表示される。スナップはできるが、編集はできない。

d　非表示レイヤグループ（英数字が非表示）
レイヤグループ内に作図されているか否かに関わらず、画面上に何も表示されない。

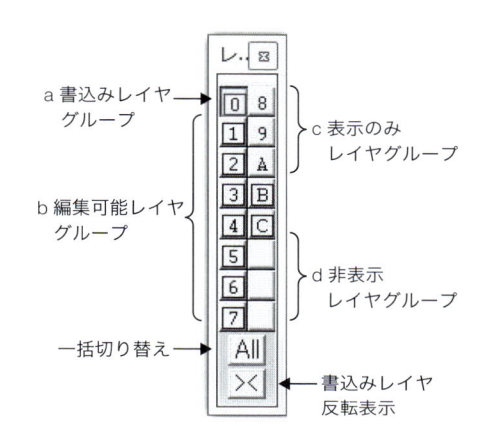

POINT

レイヤグループツールバーの操作手順は、レイヤツールバーの（1）～（5）と同様に行うことができる。
　[><]を🖱すると、書込みレイヤグループ以外のデータが、画面内に表示される。

10-4 「レイヤ一覧ウィンドウ」による操作

レイヤバーの「書込みレイヤ」ボタンを🖱するとと、「レイヤ一覧ウィンドウ」が表示される。
(レイヤグループバーの操作も同様に行うことができる)

書込みレイヤ
　白黒反転表示の英数字
　[0]基準線

編集可能レイヤ
　カッコ付きの英数字
　(1)仕上線

表示のみレイヤ
　カッコなしの英数字
　2　構造体線

非表示レイヤ
　カッコも数字もなし
　見え掛かり

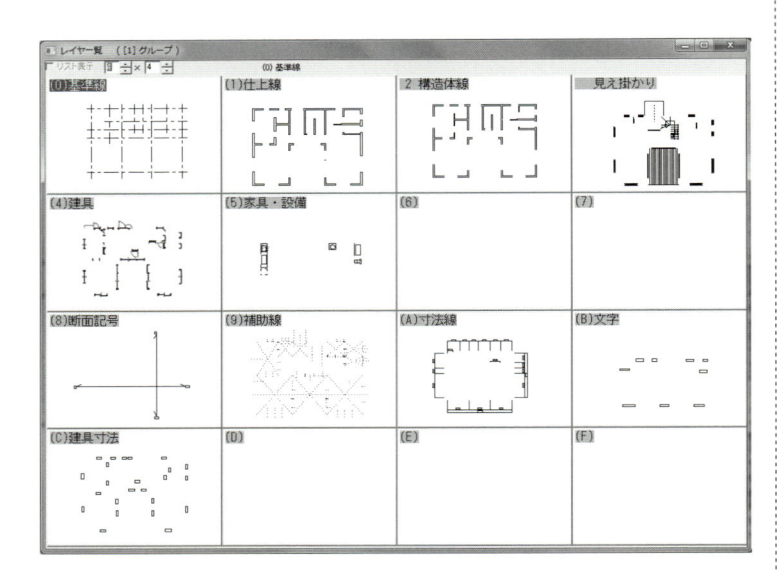

(1) レイヤ名の入力
　数字部分［(0)、(1)・・・・・(F)］を🖱すると、レイヤ名設定ウィンドウが表示され、レイヤ名を書き込むことができる。

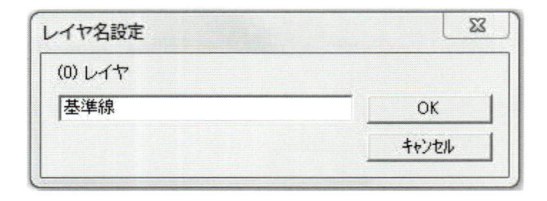

(2) 書込みレイヤ
　書込みレイヤに変えたいレイヤの枠内で🖱する。

(3) レイヤの表示・編集状態の変更
　枠内の白地部分を🖱するごとに、「非表示レイヤ」⇒「表示のみレイヤ」⇒「編集可能レイヤ」が繰り返される。

> 🔍 **POINT**
> 枠内の白地部分では、作図ウィンドウと同様に拡大・縮小ができるため、レイヤ内の情報を確認することができる。

10-5　レイヤ設定ウィンドウによる操作

(1) メニューバーの［設定(S)］から［レイヤ(L)］を選ぶ。

(2) 「レイヤ設定」ダイアログが表示される。
　　このダイアログでは、レイヤグループおよびレイヤに関するすべての設定が可能である。

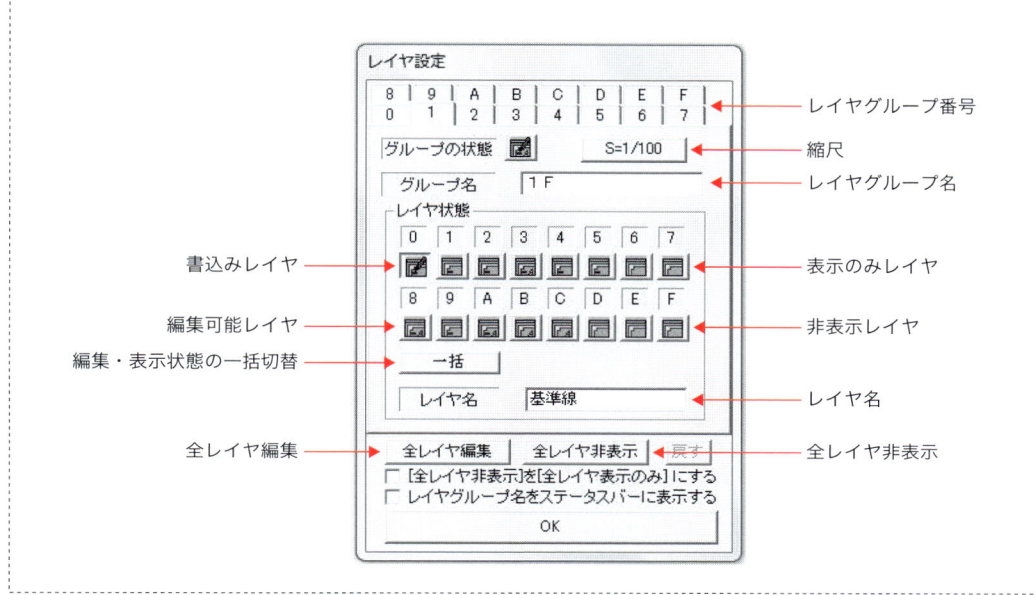

［レイヤ設定ダイアログ図］
- レイヤグループ番号
- 縮尺
- レイヤグループ名
- 書込みレイヤ
- 表示のみレイヤ
- 編集可能レイヤ
- 非表示レイヤ
- 編集・表示状態の一括切替
- レイヤ名
- 全レイヤ編集
- 全レイヤ非表示

POINT
レイヤ名の設定を行うと、作図ウィンドウ右下の「書込レイヤ」欄に、レイヤ名が表示される。

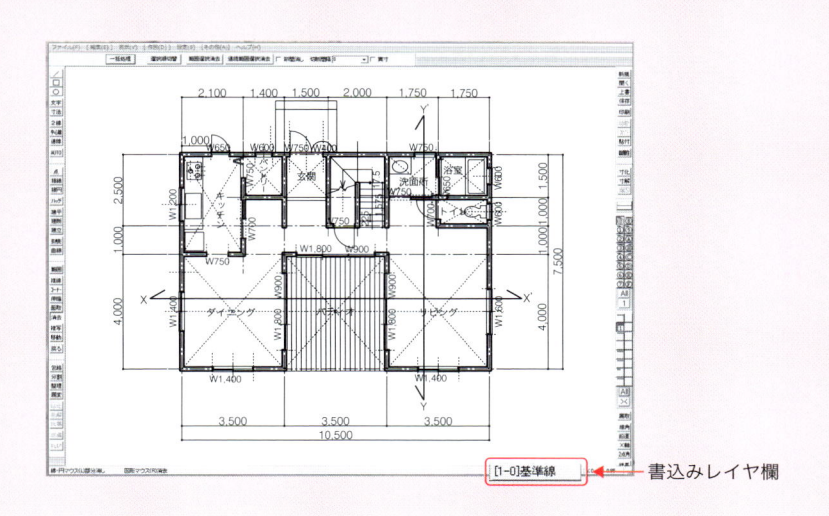

［作図ウィンドウ図：書込みレイヤ欄］

11 ▶ 包絡

① 包絡 を選ぶ。🖱

②実線ボックスにチェック☑を入れる。🖱

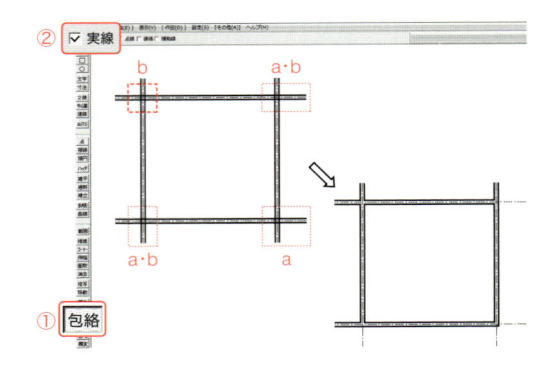

③整えたい交点を対角線状に囲んで指定する。🖱

> **🔍 POINT**
> 線の囲み方で、処理結果が変わる。
>
> 末端まで囲んだ場合（例：a）
> → 交点より先の線は消去される。
>
> 先端を残して囲んだ場合（例：b）
> → 線を残して交点が連結される。

> **🔍 POINT**
> 包絡する線を4種類より選択できる（複数選択可）。
> ただし他レイヤの線は包絡されないので注意。
> 　　①実線
> 　　②点線
> 　　③鎖線
> 　　④補助線

12 ▶ 練習問題

以下の条件で（1）～（3）の平面図を描きなさい。
・用紙サイズ：A4
・縮尺：1/50
・基準線　線色：3、線種：一点鎖線、レイヤ：0
・壁線　線色：2、線種：実線、レイヤ：1
・構造体線　線色：7、線種：実線、レイヤ：2

12-1　柱と壁の練習（1）

柱の寸法　　：700＊700
柱のスパン：Xスパン　8,000
　　　　　　　Yスパン　7,000
壁厚　　　　：150
仕上げ厚　　：25

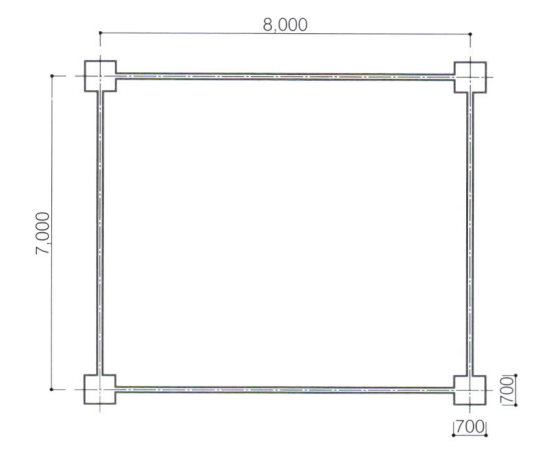

①レイヤ◎を書込みにして、縦軸、横軸の基準となる線を2本引く。
　＊p.18　［直線］を参照

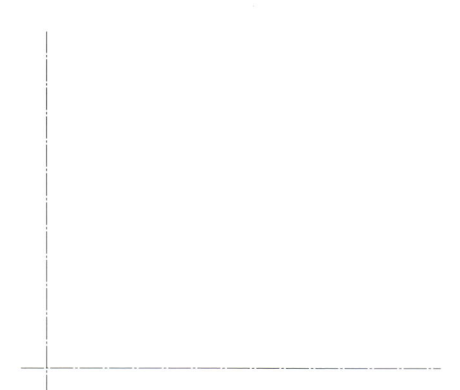

②［複線］を用いて横軸8,000、縦軸7,000の間隔で、さらに2本の線を引く。
　＊p.27　［複線］を参照

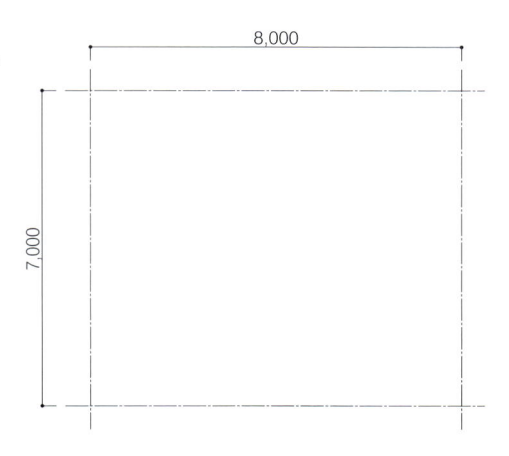

③レイヤ①を書込みにして、 矩形 を用いて柱 700×700 を交点に配置する。

＊p.28 ［矩形］を参照

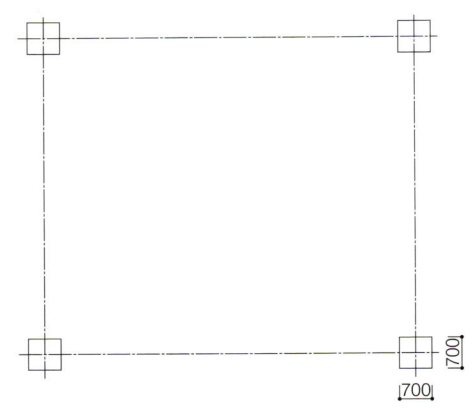

④ 2線 を用いて仕上厚を含んだ 150（75,75）厚の壁を描く。

＊p.26 ［連続2線］を参照

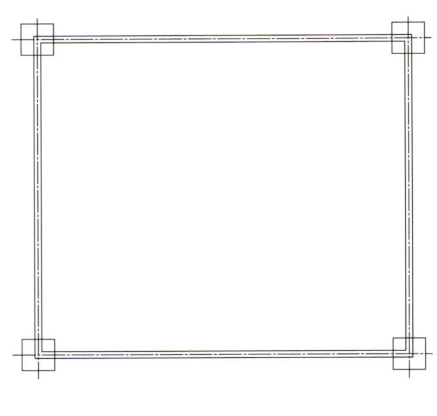

⑤ 包絡 を用いて壁線を整える。

＊p.48 ［包絡］を参照

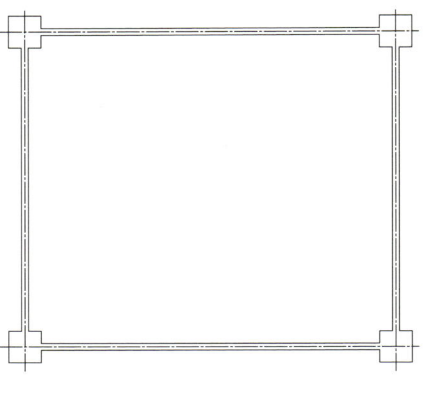

⑥レイヤ②を書込みにして、 複線 の 連続線選択 を用い、壁線から仕上厚 25mm 分内側に構造体線を描く。

＊p.27 ［複線 POINT］を参照

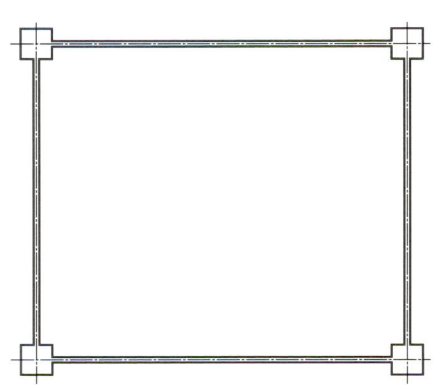

12-2　柱と壁の練習（2）

- 柱の寸法　　：600＊600
- 柱のスパン：Xスパン　8,500
　　　　　　　Yスパン　6,000
- 壁厚　　　　：180
- 仕上げ厚　　：25

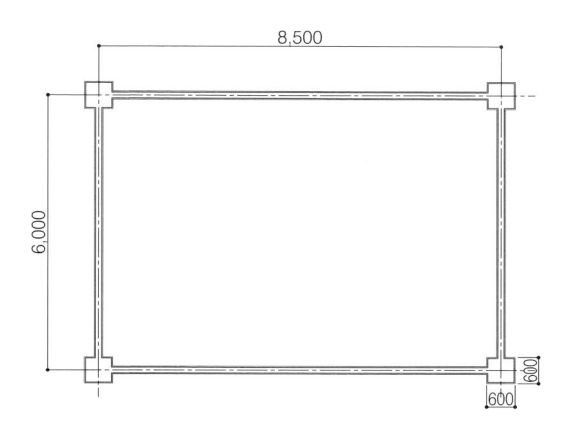

12-4　クローゼット（2,730＊1,060）

扉は、矩形（40＊289）を描き、角度±15度に指定しながら、枠の内側より下図のように配置する。

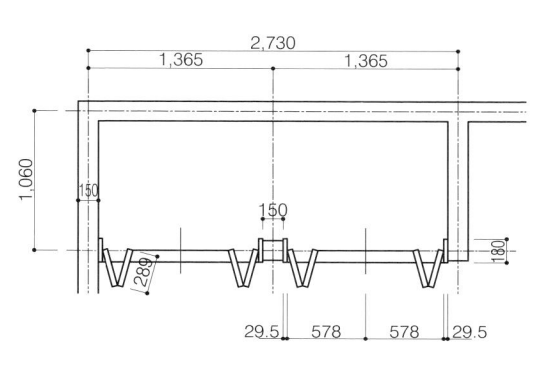

12-3　柱と壁の練習（3）

- 柱の寸法　　：650＊650
- 柱のスパン：Xスパン　7,200
　　　　　　　Yスパン　6,500
- 壁厚　　　　：150（柱の外面あわせ）
- 仕上げ厚　　：25

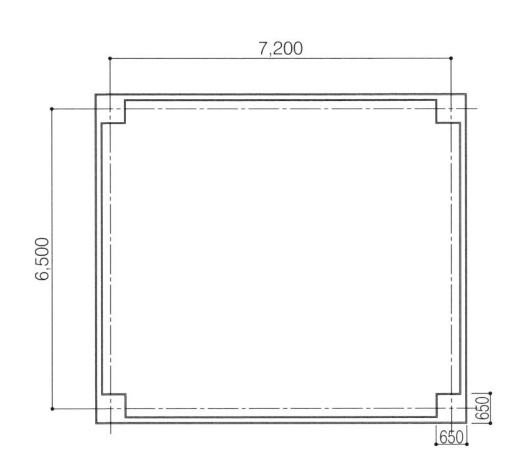

12-5　エレベーター（1,950＊2,100）

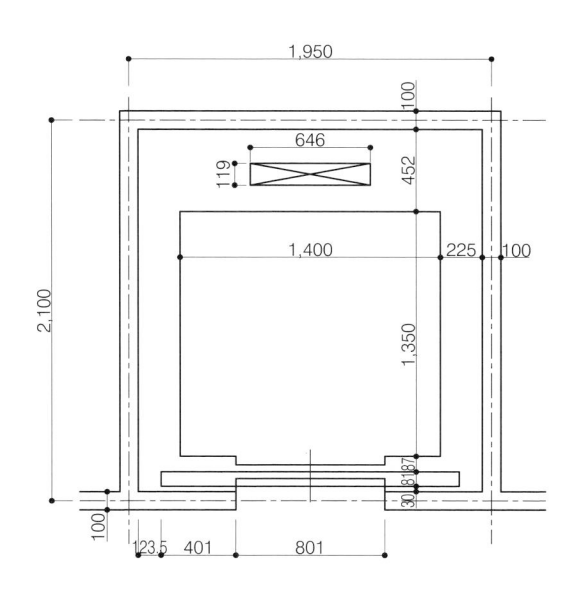

13 ▶ 分割・ハッチ・パラメトリック

13-1 分割（線）

① 分割 を選ぶ。🖱

② 等距離分割にチェック◉を入れる。🖱

③ 分割ボックス▭に分割したい値を入力する。
　【ボックスを🖱⇒数字入力】

④ 分割始線を指定する。🖱

⑤ 分割終線を指定する。🖱
　＊点の場合は🖱する。

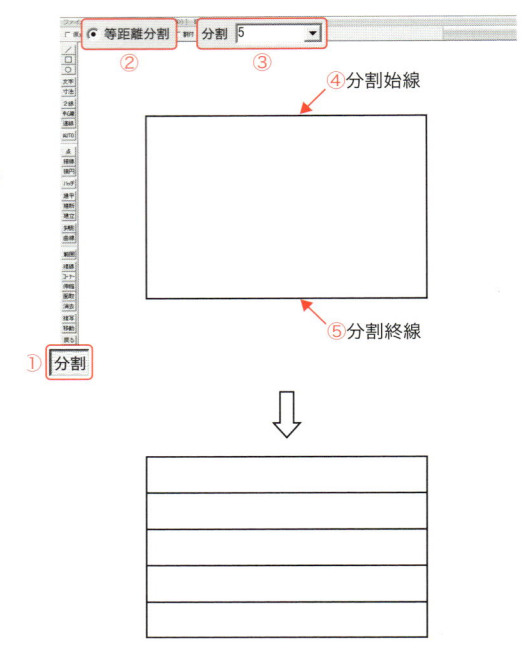

> **🔍 POINT**
> ◆右図のように、台形は、線の長さを変化させながら分割してくれる。
>
> ◆三角形など、点を選択する場合は、🖱する。

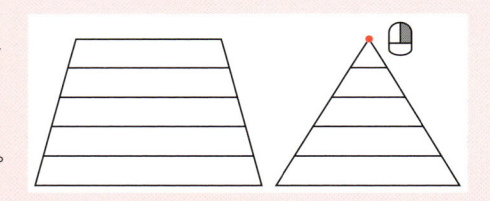

13-2 分割（点）

① 分割 を選ぶ。🖱

② 等距離分割にチェック◉を入れる。🖱

③ 分割ボックス▭に値を入力する。
　【ボックスを🖱⇒数字入力】

④ 分割始点を指定する。🖱

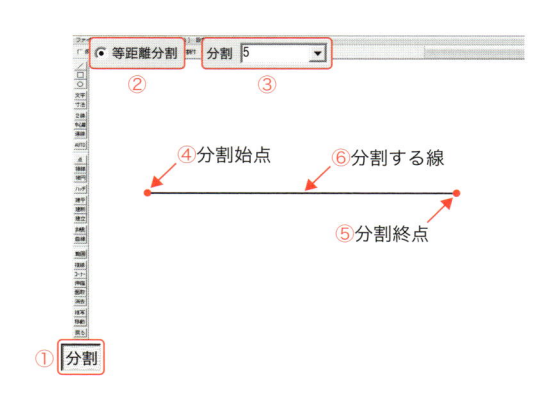

⑤分割終点を指定する。🖱

⑥分割する線を指示する。🖱

＊分割点を消すときは、[消去]を選択し、点を🖱する。

> 🔍 **POINT**
> ◆仮点にチェック☑を入れると、分割点が白抜きの点で表示される。この仮点は印刷時に表示されない。
>
> ◆仮点を消すときは、[点]コマンドの[仮点消去]にチェック☑を入れ、消したい点を🖱する。

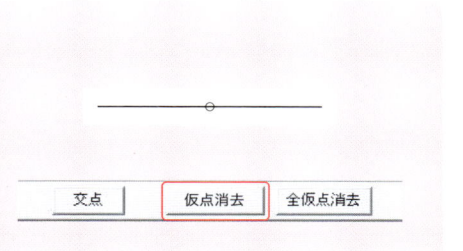

13-3　ハッチ

① [ハッチ]を選ぶ。🖱

② ハッチング範囲を囲むように、始線 a から b、c、d を選ぶ。🖱

③ 再び、e（始線 a）を選ぶ。🖱

④ ハッチの種類を選び、値を入力する。
【ボックスを🖱⇒数字入力】

⑤ [実行]を🖱する。

⑥ [クリアー]で選択を解除する。🖱

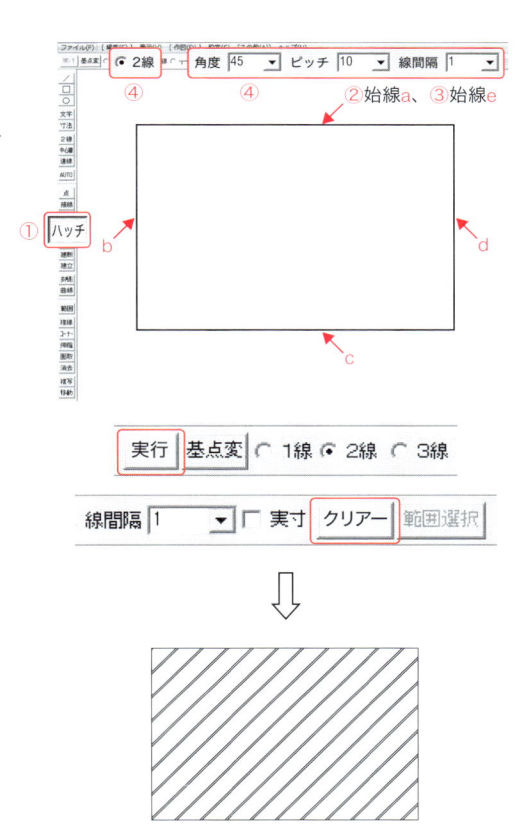

POINT
◆右図のようにハッチングを除外したい範囲（この場合、円の内側）があるときは、ハッチングをかけたい範囲（四角形）を選択した後、除外したい部分の線上を🖱してから[実行]を🖱する。

a🖱→b🖱→c🖱→d🖱→
e🖱→f🖱→[実行]

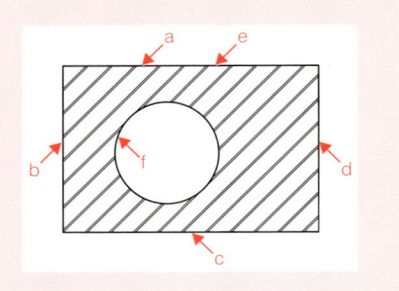

13-4　パラメトリック

POINT
◆パラメトリックとは、部分的に伸ばしたり縮めたりする変形のこと。

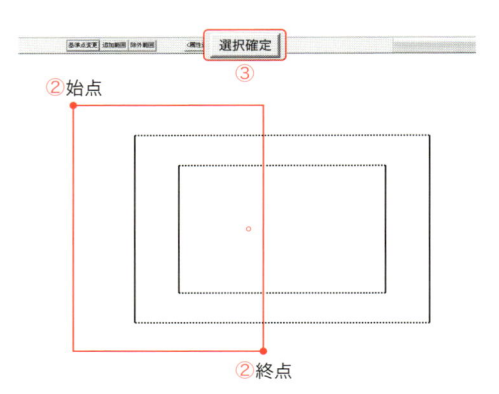

①メニューバーの［その他(A)］から［パラメトリック変形(P)］を選択する。🖱

②変形範囲を始点🖱、終点🖱で指示する。

③[選択確定]を🖱する。

CHECK
◆伸ばしたい線は選択範囲枠と交差させる必要がある。選択範囲と交差している線（ピンクの点線表示に変わる）だけが伸縮・変形可能となる。全部囲まれた部分（ピンクの実線）はそのままの形で移動する。

◆変形や移動の対象から外したい線が含まれている場合は、🖱選択で除外する。

④[基点変更]を🖱する。

⑤基準点を指定する。🖱

⑥移動先を指定する。🖱 or 🖱

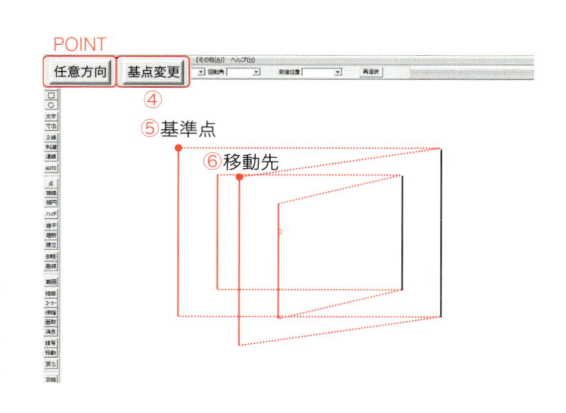

POINT
◆上記の[基点変更]による変形以外に、[任意方向]により、倍率、回転角、数値位置を入力して変形することもできる。

14 ▶ 練習問題 　　建築CAD検定対応

これまでに学んだコマンドを用いて、図面を描いてみよう。

14-1　駐車スペース　車椅子使用者用（5,500＊3,500）

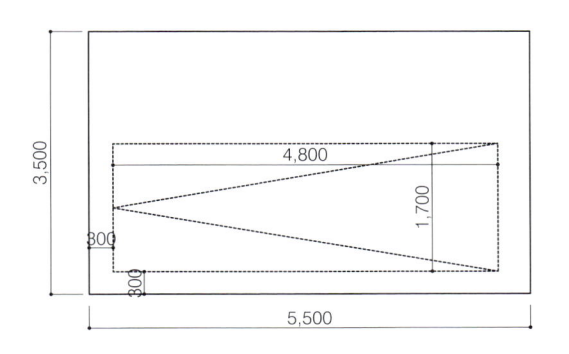

14-4　屋根（5,250＊1,650）

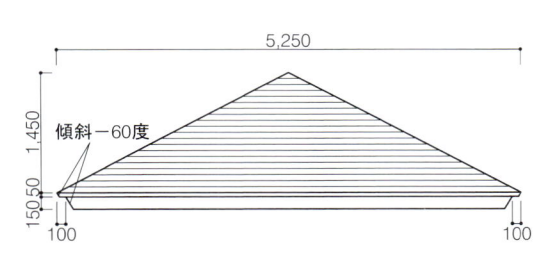

14-2　駐輪スペース（500＊2,000/台　8台分）

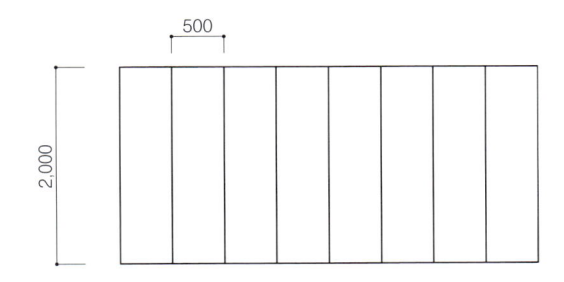

14-3　床下換気口（400＊150）

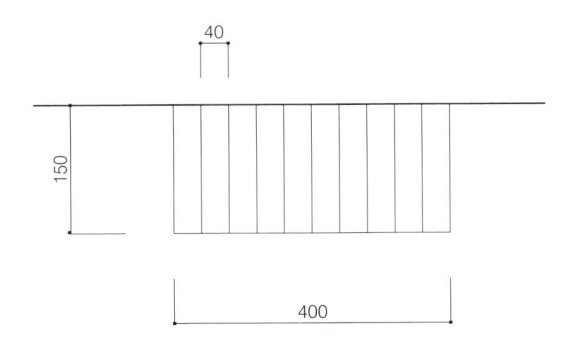

14-5　階段 U 字型（中間階）
（7,000 ＊ 3,500）

＊階高 4,000mm 程度を想定している。

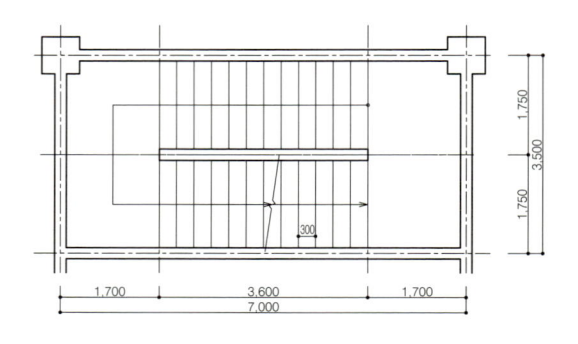

①レイヤ⓪を書込みにして、基準線を引く。
　＊p.18 ［直線］を参照
　＊p.27 ［複線］を参照

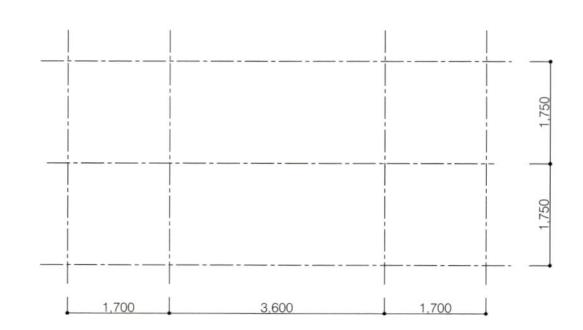

②レイヤ①を書込みにして、［矩形］と［2 線］を用いて躯体線を描き、［包絡］を用いて整える。
　＊p.28 ［矩形］を参照
　＊p.26 ［連続 2 線］を参照
　＊p.48 ［包絡］を参照

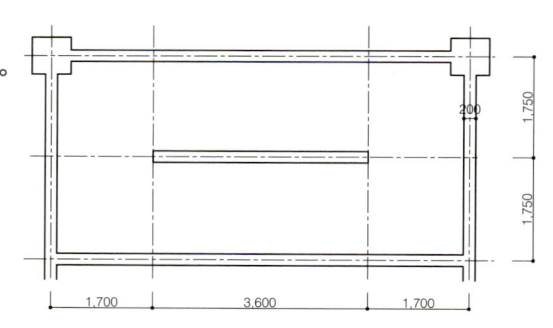

③レイヤ⑥を書込みにして、階段踏面の端の線を描く。

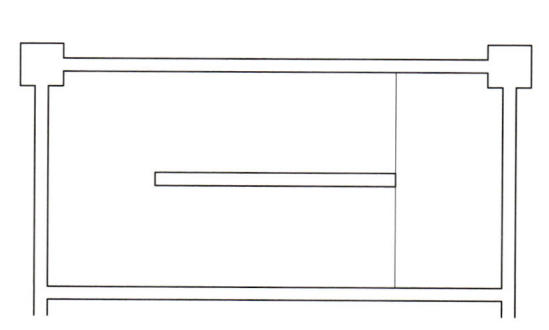

④ [複線] の複線間隔 300 を指定し、すべての踏面線を描く。
　＊ p.27 [複線] を参照

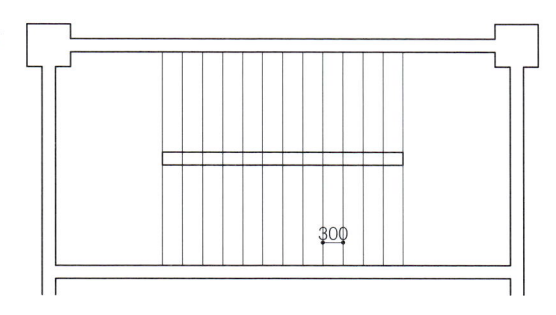

⑤ [消去] の一括消去を用いて、中央壁の部分の踏面線を消す。
　＊ p.34 [線の一括部分消去] を参照

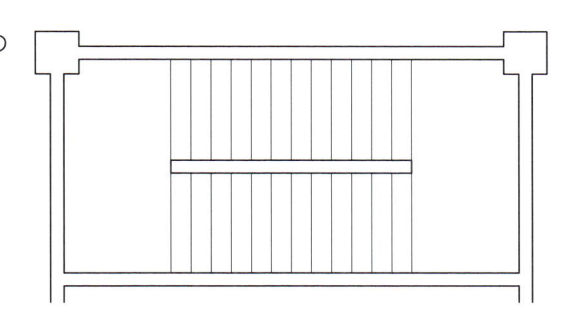

⑥ 傾き 80 度の線を描き、[分割] の等距離分割（分割数 2）を指定し、線上の中心点にあたる部分の仮点を取る。
　＊ p.52 [分割（点）] を参照

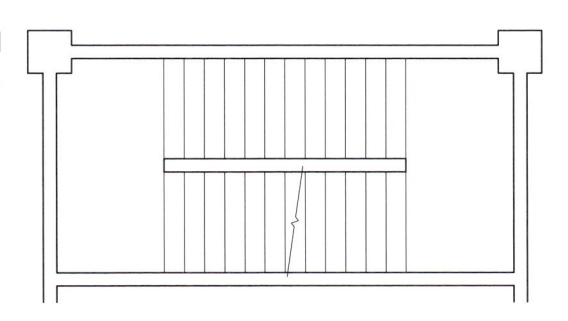

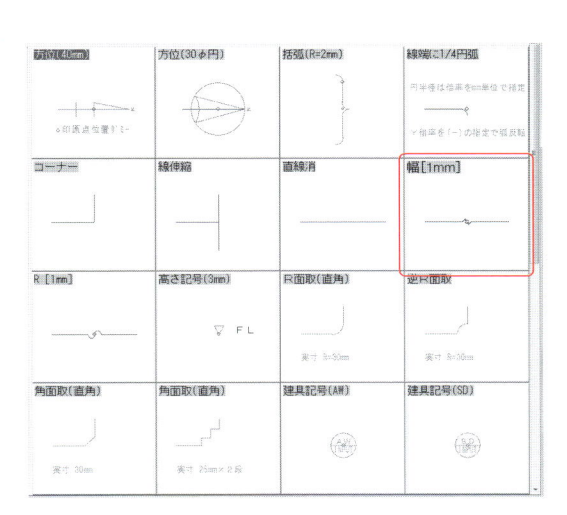

⑦ [その他（A）] の線記号変形より、幅 [1mm] の切断記号を🖱️🖱️選択する。

⑧ ⑤で描いた線を 🖱 し、仮点（中心点）を 🖱 して配置する。

> ☑ **CHECK**
> 切断記号は、⑥で描いた斜線と同じ線色・線種になるので注意すること。
> （線記号変形のうち、赤線で表示される記号については、指示直線の線色・線種となる）

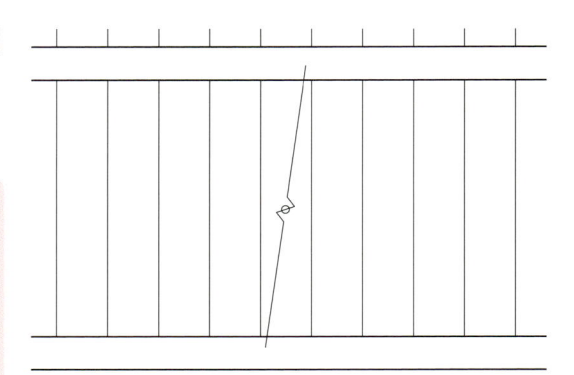

⑨ 中心線 を用いて補助線を引いたのち、／ を用いて始点と終点の記号を選択し、上り線を描く。
　＊ p.25 ［中心線］ を参照
　＊ p.18 ［直線 POINT］ を参照

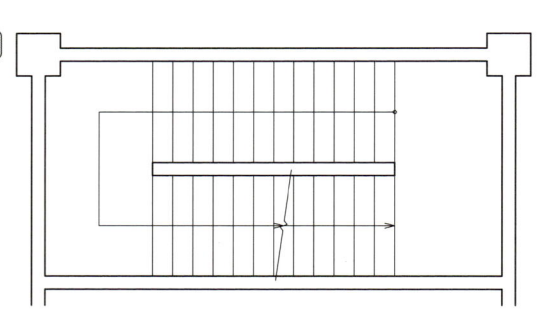

⑩ 下方の壁を開口する。

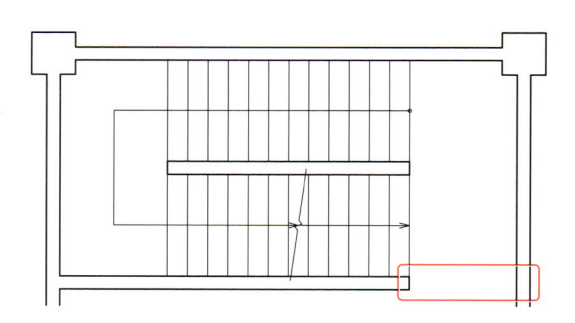

15 属性変更・属性取得

15-1 属性変更（レイヤ）

🔍 **POINT**
「①レイヤ」に書き込んだデータを「④レイヤ」に移動する場合。

① [範囲] を選ぶ。🖱

② 属性変更を行いたい範囲を選択する。
   始点 🖱、終点 🖱。

③ [属性変更] を選ぶ。🖱

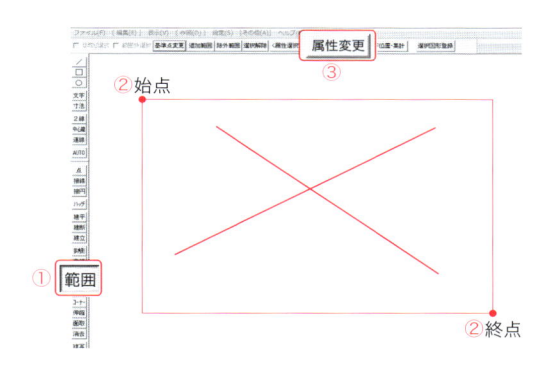

🔍 **POINT**
◆追加・除外したい図形は 🖱 で追加・除外する。
　また、追加や除外を範囲で選択することもできる。

④ 表示されたダイアログから「書込【レイヤ】に変更」にチェック☑を入れる。🖱

⑤「レイヤ変更」を 🖱 する。

⑥「④レイヤ」を 🖱 して、書込みレイヤに指定する。

⑦ [OK] を 🖱 する。

⑧ 戻ったダイアログで、[OK] を 🖱 すると、レイヤの変更が完了する。

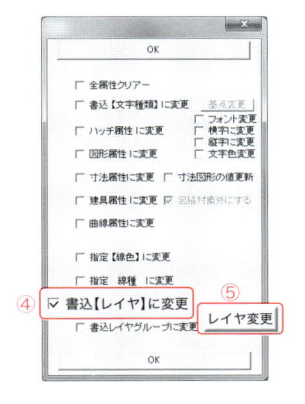

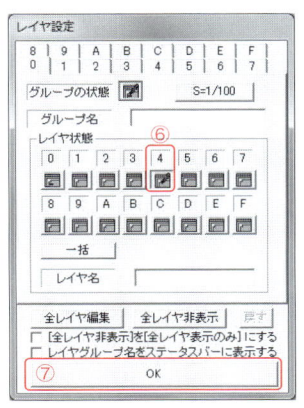

15-2　属性変更（線色・線種）

POINT
「線色２」の線を「線色６」に変更する場合。

① 範囲 を選ぶ。🖱

② 属性変更を行いたい範囲を選択する。
　始点🖱、終点🖱。

③ 属性変更 を選ぶ。🖱

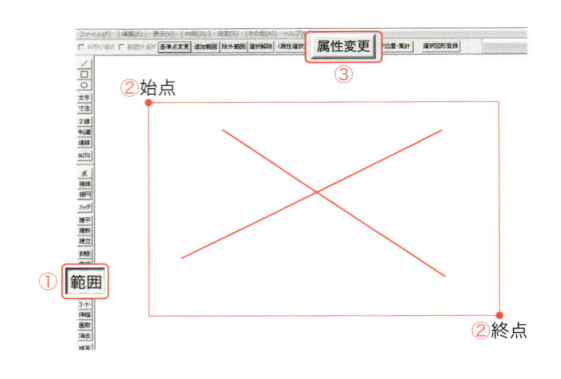

POINT
◆追加・除外したい図形は🖱で追加・除外する。また、追加や除外を範囲で選択することもできる。

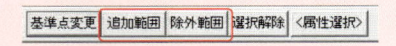

④ 表示されたダイアログから「指定【線色】に変更」にチェック☑を入れる。🖱

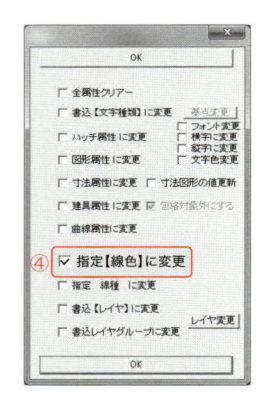

⑤ 表示されたダイアログから「線色６」を🖱で選択する。

⑥ OK を🖱する。

⑦ 戻ったダイアログで OK を🖱すると、線色の変更が完了する。

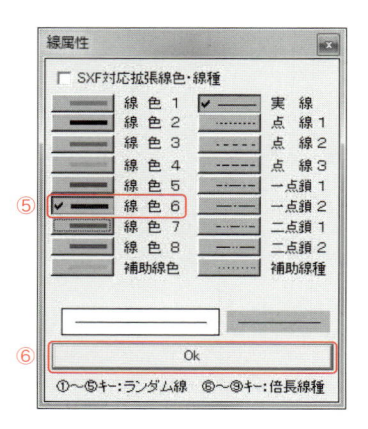

15-3 属性選択

🔍 **POINT**
右図のように重なる線分の中から、一点鎖線のみ（同じ属性を持つ線）をすべて選択する場合。

① [範囲] を選ぶ。🖱

② [全選択] を選ぶ。🖱

③ [属性選択] を選ぶ。🖱

④ 開かれたダイアログから「指定線種指定」にチェック☑を入れる。🖱

⑤ 開かれたダイアログから選択したい線種（この場合「一点鎖線1」に設定した基準線を選択しようとしている）にチェック☑を入れる。🖱

⑥ [OK] を🖱する。

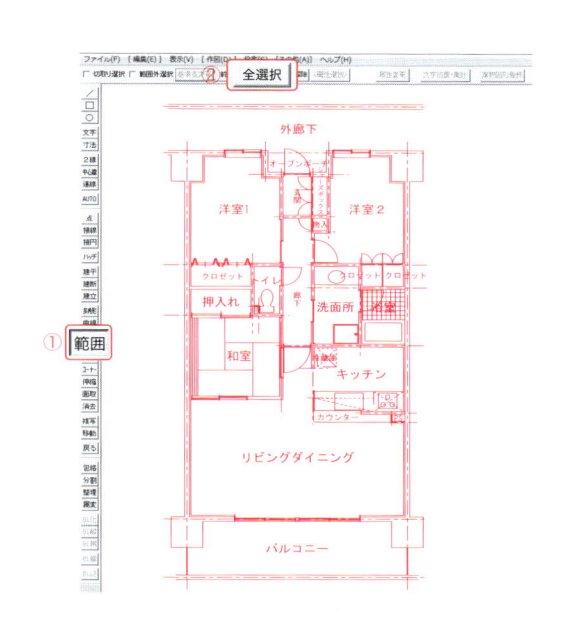

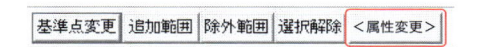

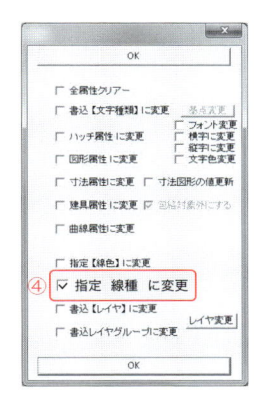

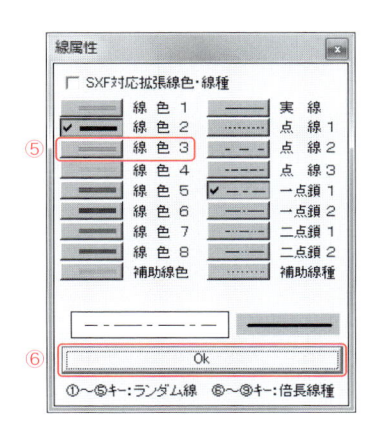

⑦戻ったダイアログで OK を🖱すると、一点鎖線の線分のみがすべて選択される。

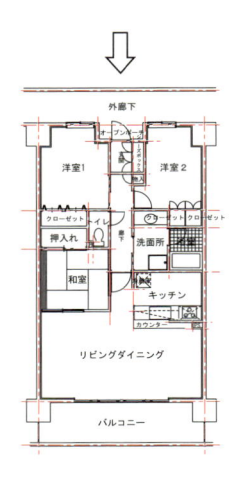

15-4　属性取得・属性変更

🔍 POINT
属性取得とは、対象データの線色・線種・レイヤの属性を取得すること。ここでは、一点鎖線の属性を取得し、実線の直線を一点鎖線に変更する。

① 属取 を選ぶ。🖱

②属性を取得したい線を指示する。🖱

🔍 POINT
属性取得すると、指示された図形のすべての属性（線種・線色・レイヤ）が取得され、次に描く図に反映される。

③ 属変 を選ぶ。🖱

④「線種・文字種変更」にチェック☑を入れる。🖱

⑤変更対象線を指定🖱すると、下の線も一点鎖線に変わる（文字の場合は🖱する）。

🔍 POINT
レイヤを変更したい場合は、「書込みレイヤに変更」に☑を入れる。

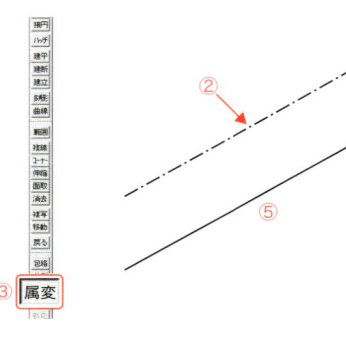

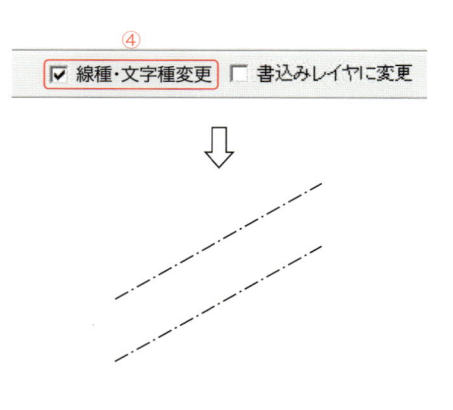

15-5　オフセット

🔍 **POINT**
- ◆オフセット（offset）とは「差し引き計算する」の意味で、あるデータの位置を基準となる点から相対的に表すこと。

- ◆オフセットを用いて基準点から離れた位置に柱を描く場合。

①作図ツールバーから □ を選ぶ。🖱

②画面右下の ∠0 を 🖱 する。

③表示されたダイアログから、オフセット1回指定にチェック☑を入れる。🖱

🔍 **POINT**
- ◆連続してオフセットしたい場合は、オフセット常駐に☑を入れる。

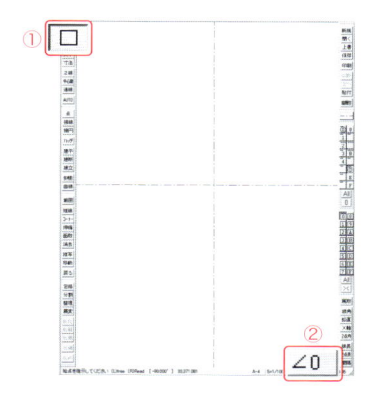

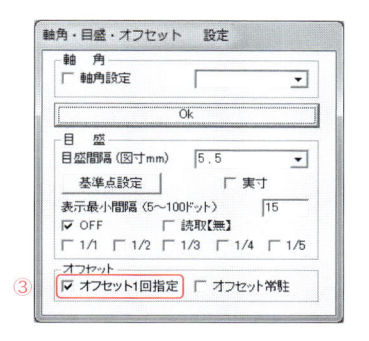

④配置の基準となる点を選ぶ。🖱

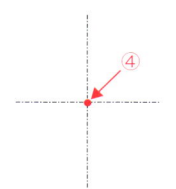

⑤オフセットボックスに（X, Y）の値を入力し、OKを 🖱 する。

✓ **CHECK**
右図の場合、基準点からX軸方向に100mm、Y軸方向に0mm離れた位置が矩形の配置される基準点となる。

⑥矩形の四隅、辺の中間点、中心がスナップするので、配置位置を決定する。🖱

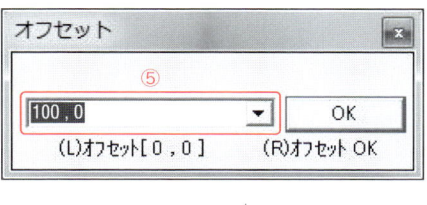

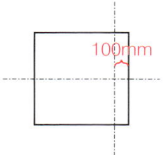

16 ▸ 文字

16-1 入力と文字種変更

① 文字 を選ぶ。🖱

② 文字入力・編集ダイアログに文字を入力する。
【ボックスを🖱⇒文字入力】

③ 「書込み文字種変更ボタン」を🖱する。

④ 任意の文字種を◉で🖱し、OK を🖱する。

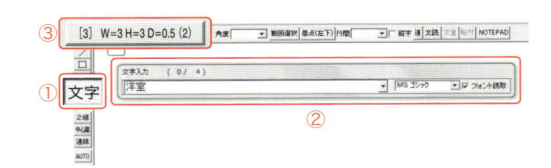

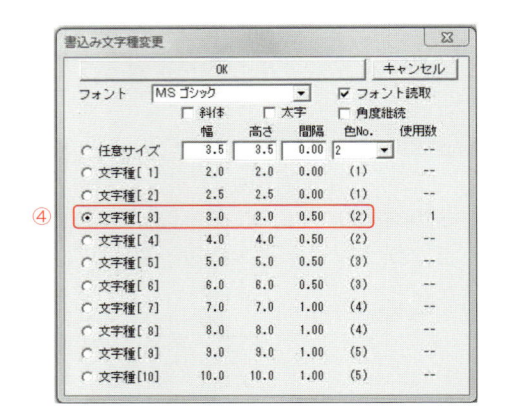

🔍 POINT

- ◆ 文字の色 No は、メニューバー［設定(S)］→［基本設定(S)］ダイアログボックスにおける「色・画面」タグの線色に対応している。
- ◆ 初期設定では、線色1：水色、線色2：黒、線色3：黄緑、線色4：黄色、線色5：赤紫、線色6：青、線色7：深緑、線色8：赤、補助線色：ピンクとなっている。
- ◆ この色は赤・緑・青の配色でカスタマイズすることができる。

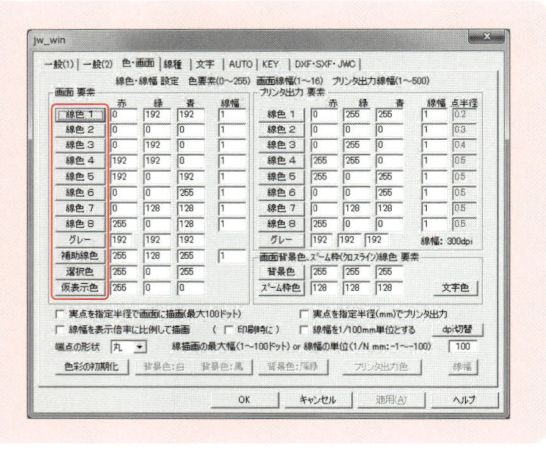

⑤ 文字を配置する場所を指定する。🖱 or 🖱

🔍 POINT

- ◆ 文字の作図角度の指定
  垂直に☑を入れると文字が垂直に作図され、角度に数値を入れると、その角度の方向に作図される。

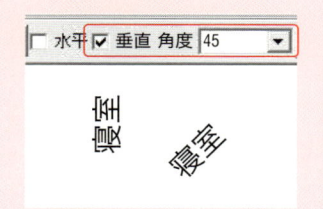

POINT

◆ [基点]を🖱すると、文字基点設定のダイアログが開かれる。右図のように左上、中上、など9か所から選択することで、基点の変更ができる。

◆ [ずれ使用]に☑を入れ、基点からの文字位置のずれを、各基点の横方向と縦方向について入力する。設定したずれ位置が基点になり文字が作図される。

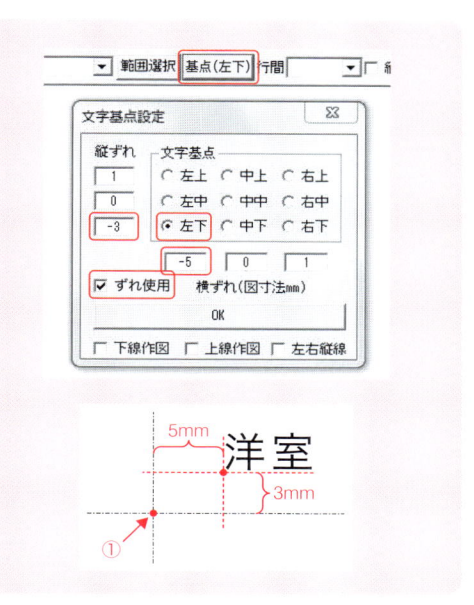

◆ 右図の場合、文字を配置するときに、①の点を🖱（スナップ）すると、左下を基点とし、横方向に－5mm、縦方向に－3mm、基点から離れたところに、文字の左下が作成される。

16-2　線に沿わせて配置する

① [文字]を選ぶ。🖱

② 文字入力・編集ダイアログに文字を入力する。
【ボックスを🖱⇒文字入力】

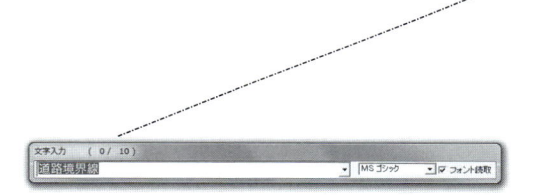

③ [設定(S)] → [角度取得(A)] → [線角度(L)]
を選択する。🖱

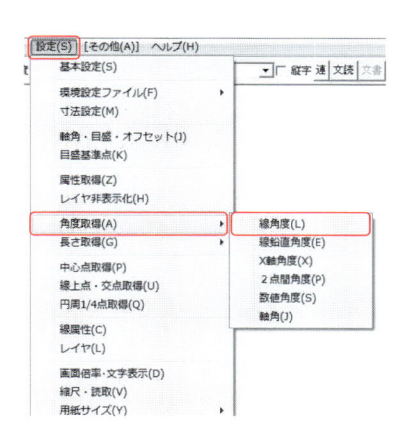

④基準となる線を指定する。🖱

⑤線の角度が取得され、自動的に文字の角度ボックスに入力される。

⑥文字を作図する位置を指定する。🖱 or 🖱

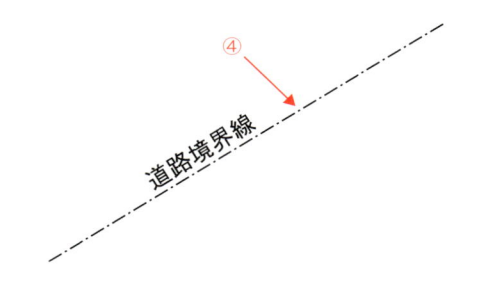

道路境界線

16-3 文字の消去

① 消去 を選ぶ。🖱

②消去する文字を🖱する。

③文字が消去される。

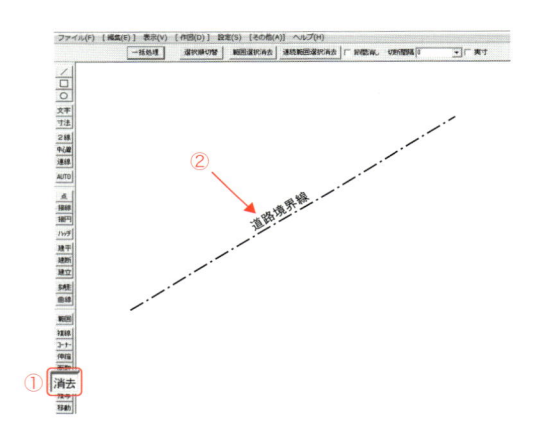

🔍 POINT

◆ある範囲の中の線や文字をすべて一括で選択したいときは、範囲を囲む際に、範囲の始点を🖱、範囲の終点を🖱で指定する。終点を🖱すると、線や図形だけが選択される。

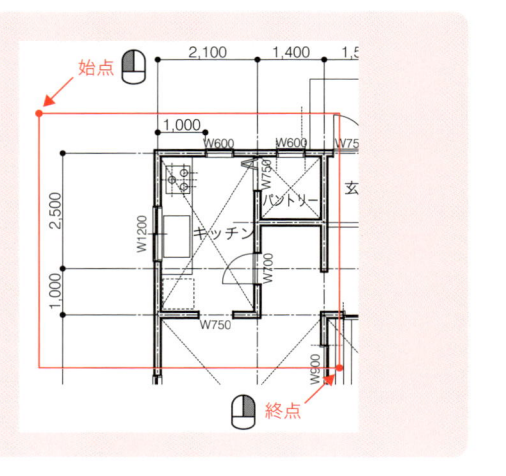

16-4　文字の変更と移動

① [文字] を選ぶ。🖱

②対象の文字を指定する。🖱

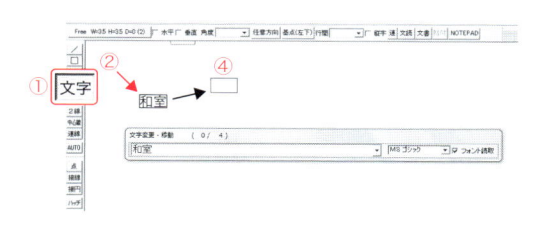

③文字変更・移動ダイアログで文字を編集する。
【ボックスを 🖱 ⇒文字入力】

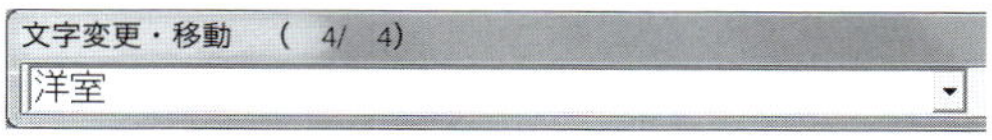

🔍 POINT
◆文字の内容を変更するとともに、角度や書式の変更もできる。

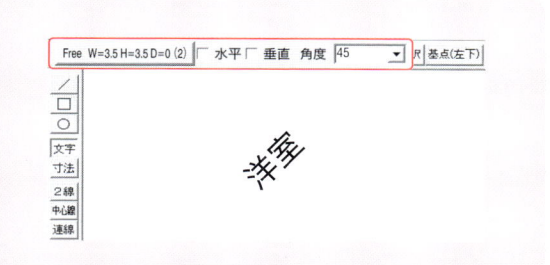

④移動先の位置を指定する。🖱 or 🖱

☑ CHECK
Enter キーを押すと、位置は変わらず、文字の変更だけが行われる。

16-5　文字の複写

① [文字] を選ぶ。🖱

②対象の文字を指定する。🖱

③複写位置を指定する。🖱 or 🖱

17 ▶ 寸法線

17-1 寸法線（水平）

①[寸法]を選ぶ。🖱

②寸法引出線始点を指定する。🖱

③寸法線位置を指定する。🖱

④寸法始点 a を指示する。🖱

⑤引き続き bcd、連続で終点 f まで指示する。🖱

⑥[リセット]を押す。🖱

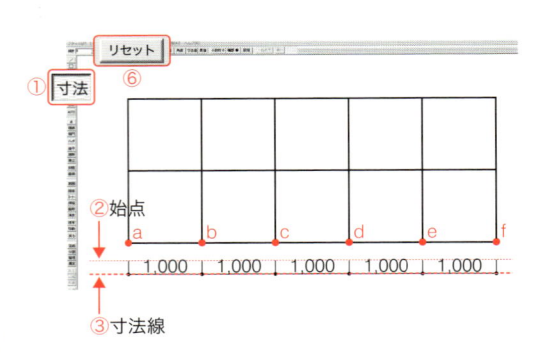

🔍 POINT

◆寸法表示が不必要な箇所では、🖱すると、その間の寸法が飛ばされる。

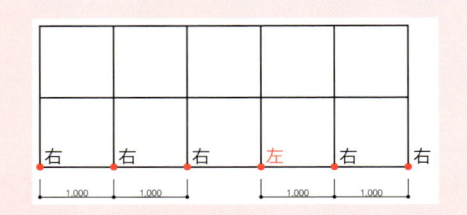

17-2 寸法線（垂直）

①[寸法]を選ぶ。🖱

②[0°/90°]をする。🖱

③以下は〈17-1 寸法線（水平）〉と同じ。

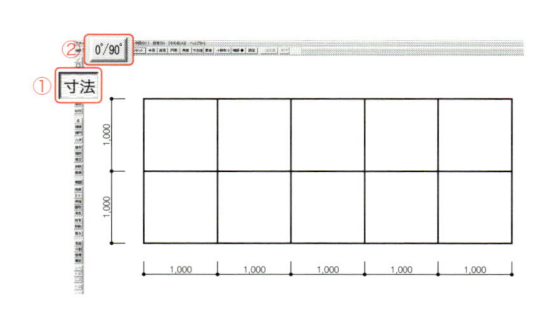

17-3　引出線・寸法線位置のカスタマイズ

🔍 **POINT**
右図のようなプロポーションで寸法線をカスタマイズする場合。

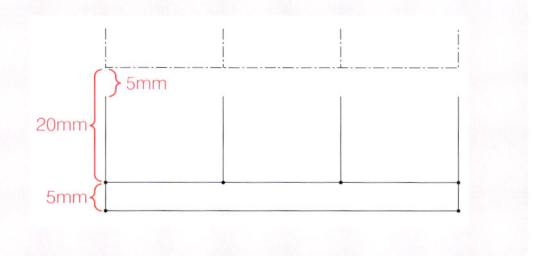

5mm
20mm
5mm

① [設定(S)] → [寸法設定(M)] を選択する。🖱
　または、コントロールバーの 設定 を選択。

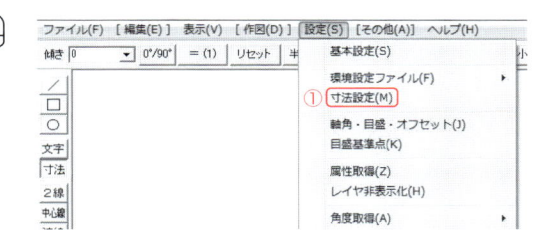

② 表示された寸法設定ダイアログにおいて、「引出線位置・寸法線位置」の「指定1」、「指定2」の各々に次の数値を設定する。
【ボックスを 🖱 ⇒ 数字入力】

指定1：引出線位置 5
　　　　寸法線位置 20
指定2：引出線位置 0
　　　　寸法線位置 5

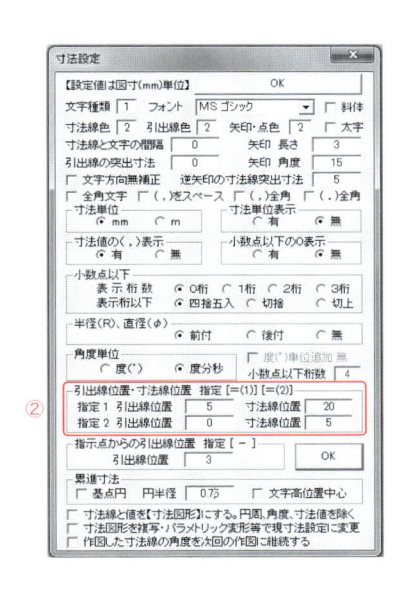

③ 寸法 を 🖱 し、 = を 🖱 して、 =(1) に変える。

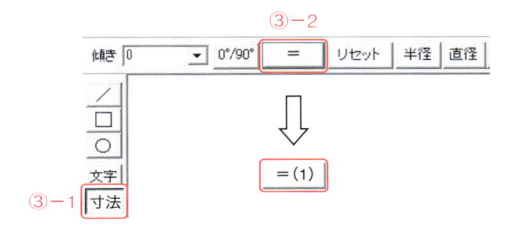

③-1　寸法
③-2

基準点を🖱で指定すると、寸法線の引出線位置と寸法線位置を示す2本の線が自動的に決まる。

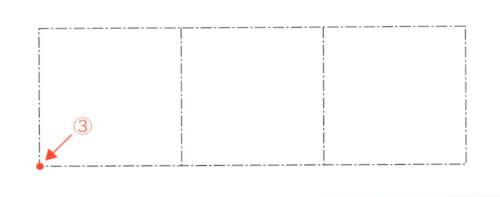

④寸法の始点、終点を順番に🖱で指定していく。

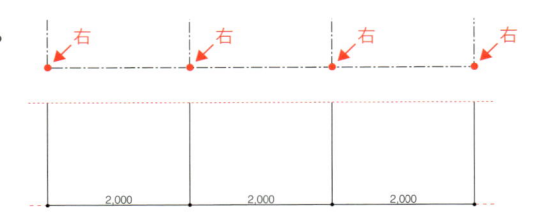

⑤ リセット を押す。🖱

⑥ =(1) を🖱して、 =(2) に変える。

⑦基準点を🖱で指定すると、寸法線の引出線位置と寸法線位置を示す2本の線が登場する。

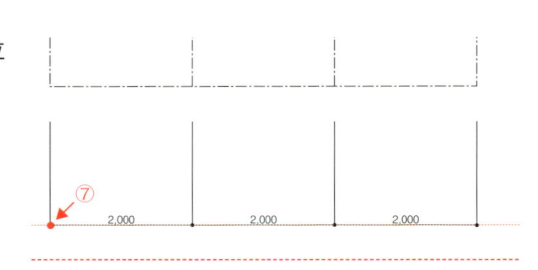

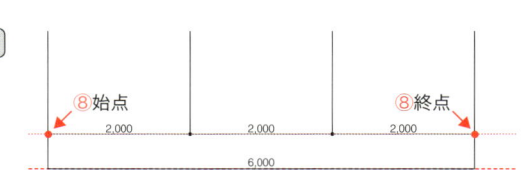

⑧寸法の始点、終点を🖱で指定し、 リセット を押す。🖱

☑ CHECK

◆寸法を上側や左側に描く際は、基準点を指定するとき、同一点を 🖱🖱 する。引出線位置と寸法線位置が反転した間隔になる。

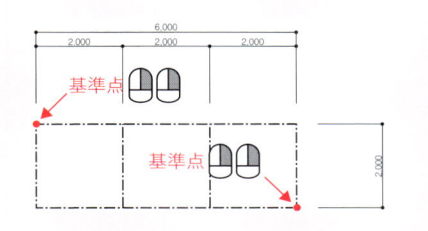

17-4 引出線のない寸法線

① 寸法 を選ぶ。🖱

② =(2) を3度 🖱 し、 — に変える。

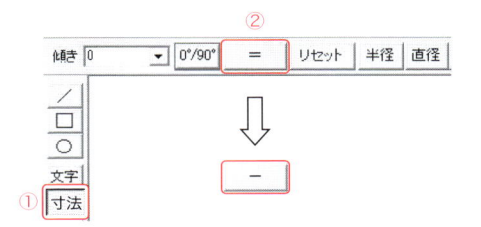

③ 寸法線の位置を指定する。🖱

④ 寸法始点と終点を指示する。🖱

⑤ リセット を押す。🖱

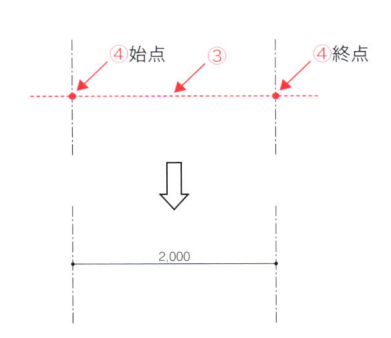

POINT

◆ JW_CAD では、寸法線が4種類設定されている。
① = ：引出線の位置を自由に決められる
② =(1)：指定1_引出線位置と寸法線位置を予め設定する
③ =(2)：指定2_引出線位置と寸法線位置を予め設定する
④ — ：引出線がない

◆寸法線の種類は、コントロールバーの = を 🖱 すると、下図の順に切り替わる。

= → =(1) → =(2) → —

🔍 POINT

▶寸法線の色と文字種類のカスタマイズ

[寸法]を🖱し、コントロールバーの[設定]を🖱すると、「寸法設定」ダイアログが表示される。寸法線の色や文字種類の変更はここで行う。

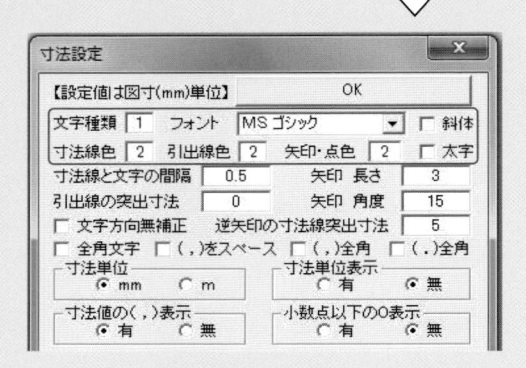

◆文字種類の数字は[文字]の「書込み文字種変更」ダイアログで設定された文字種と対応している。寸法線の文字をカスタマイズするときは、このダイアログで文字のサイズや色の確認を行う。

「書込み文字種変更」ダイアログは、文字ツールを選択し、コントロールバーの Free W=3.5 H=3.5 D=0 (2) を🖱すると表示される。

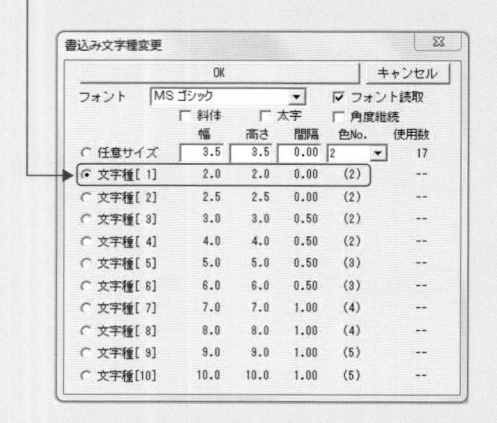

◆寸法線色、引出線色、矢印・点色は線属性の線色と対応している。寸法線に関わる色をカスタマイズするときは、このダイアログで確認する。

18 ▶ 図面枠の作成と出力

18-1 図面枠の作成

①レイヤグループ[F]のレイヤⓕに図面枠を設定し、書き込み状態にする。

②右図の参照を参照し、図面枠を描く。線色、線種は以下のとおり。
・外枠　　　：線色4・実線
・内仕切り：線色4・実線

③レイヤグループ[F]のレイヤⒷに文字を設定し、書き込み状態にしてから文字入力する。サイズは以下のとおりである。

・欄内タイトル
　　任意サイズ▶幅　　：2.0　　高さ：2.0
　　　　　　　　間隔：0.00　色 No.2

・図面 No
　　任意サイズ▶幅　　：4.0　　高さ：7.0
　　　　　　　　間隔：1.00　色 No.2

・上記以外
　　任意サイズ▶幅　　：3.5　　高さ：3.5
　　　　　　　　間隔：0.00　色 No.2

🔍 POINT
図面ごとに違う内容（図名、図面 No）は、各レイヤグループのレイヤⓕに書いて重ね合わせる。

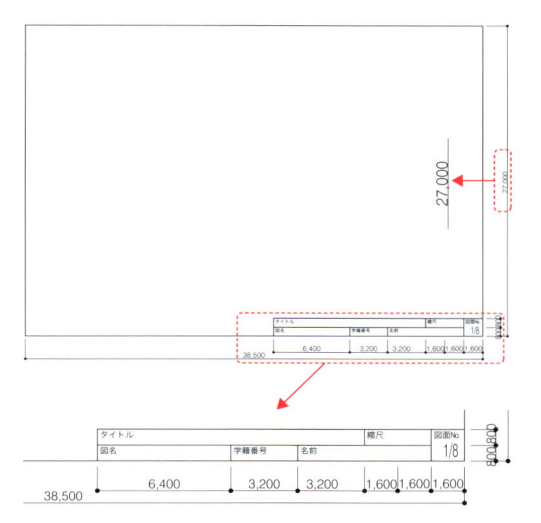

18-2　印刷の設定

① メニューバーの［ファイル(F)］→［印刷(P)］

② 印刷ダイアログが開くので、プリンター名を選択し、OK を 🖱 する。

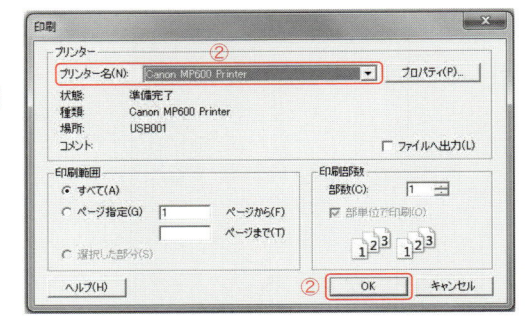

③ 印刷範囲が赤い枠で示される。

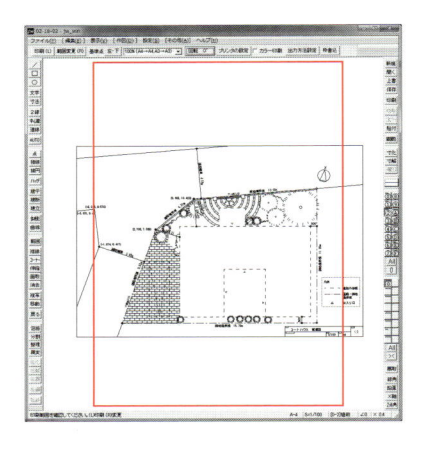

④ 印刷範囲を 範囲変更(R) や 90°回転 で調整する。

⑤ 印刷(L) を 🖱 すると、印刷が実行される。

🔍 POINT
画面で 🖱 すると印刷実行されるので注意すること。

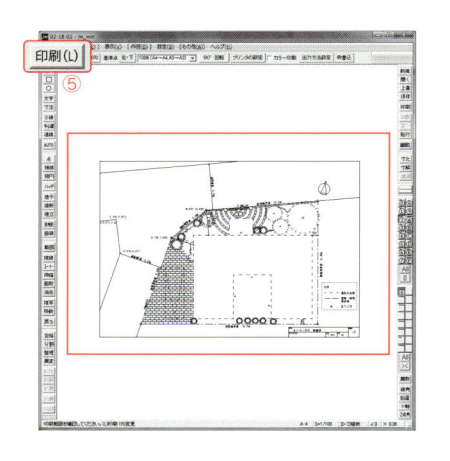

POINT

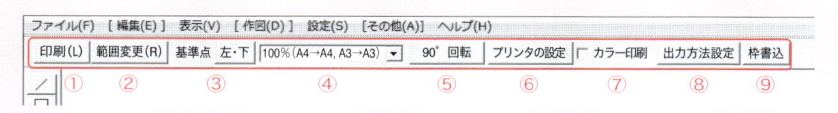

① [印刷(L)]　　　　：印刷を実行する。
② [範囲変更(R)]　　：印刷範囲指定モードになる。印刷範囲を示す赤長方形を参照しながら、適当な場所で印刷位置を指定する。
③ [基準点 左・下]　：印刷範囲を示す赤長方形の基準点が変更される。
④ 印刷する際の拡大・縮小率を指定する。
⑤ [90°回転]　　　　：印刷範囲の縦・横位置が切り替わる。
⑥ [プリンタの設定]　：🖱するとプリンタの設定ダイアログが表示され、用紙サイズ、印刷方向の設定を行う。
⑦ [カラー印刷]　　　：ボックスをチェック☑するとカラーで、モノクロの場合には線色により線の濃さが変わる。
⑧ [出力方法設定]　　：🖱すると、出力形式ダイアログが表示され、ファイルの連続印刷やレイヤグループ・レイヤごとの印刷の順番を指定できる。
⑨ [枠書込]　　　　　：🖱すると、赤長方形の線が表示された状態で印刷される。

18-3　印刷時の線色・線幅とピッチの変更

◆線色・線幅の変更

① メニューから［設定(S)］→［基本設定(S)］→「色・画面」タブを選ぶ。

② 「プリンター出力要素」の線幅を変更すると、印刷時の線色と線幅を画面上の色に応じて変更することができる。

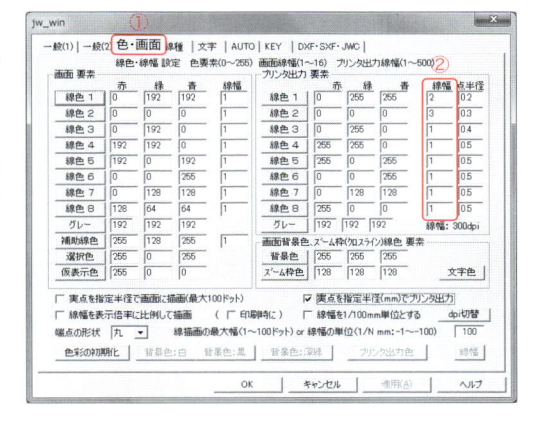

◆線ピッチの変更

① メニューから［設定(S)］→［基本設定(S)］→「線種」タブを選ぶ。

② 「プリンター出力」でピッチの数値を変更すると、印刷時の点線、一点鎖線などのピッチを変更することができる。

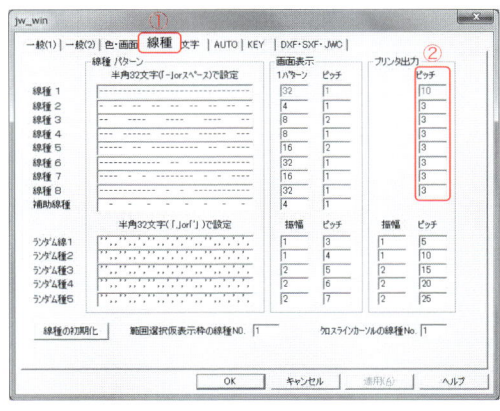

Ⅱ部
JW_CADで図面を描こう

3 平面図を描く

I部で学んだ基本的なツールを総合的に活用して、「集合住宅」「コートハウス」を作図する。「集合住宅」では 1/100、「コートハウス」では 1/50 スケールの平面図を描く。

01 ▶ 集合住宅の平面図を描く

集合住宅の基準階平面図を作成しよう。(p.139 を参照)
- 縮尺　　：1/100、用紙サイズ A3
- 柱　　　：1,000＊1,000
- 外壁厚：150mm、間仕切壁厚 100mm
- PS 壁　：50mm

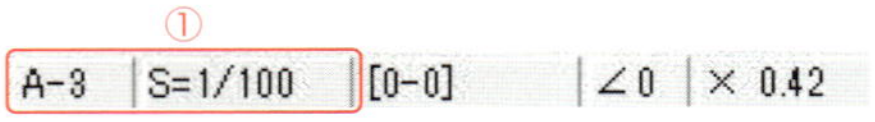

01-1　ファイルの設定

①画面右下のボタンをクリックし、用紙サイズを A-3、縮尺を S ＝ 1/100 に設定する。
　＊ p.15［画面の構成］を参照

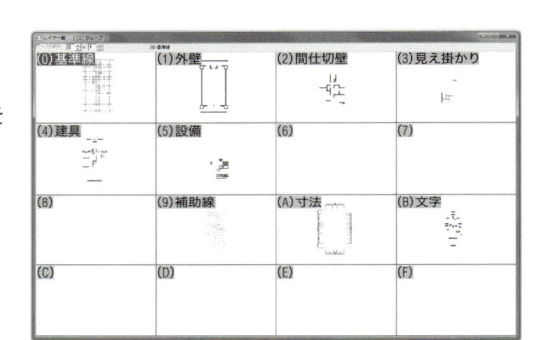

01-2　レイヤの設定

①レイヤ一覧を表示させ、レイヤ名を設定する。
例）(0)基準線　(1)柱・外壁　(2)間仕切り壁
　　(3)見え掛かり線　(4)建具　(5)家具・設備
　　(9)補助線　(A)寸法線　(B)文字
　＊ p.46［「レイヤ一覧ウィンドウ」による操作］を参照

01-3　基準線を引く

①「(0)基準線レイヤ」を書込みにする。

②画面上の任意の位置に、基となる 2 つの基準線を引く。基準線の色は線色 3、線種は一点鎖線 1 とする。
　＊ p.18［直線］を参照

③すべての基準線を基となる 2 つの基準線から、［複線］を利用して描く。
　＊ p.27［複線］を参照

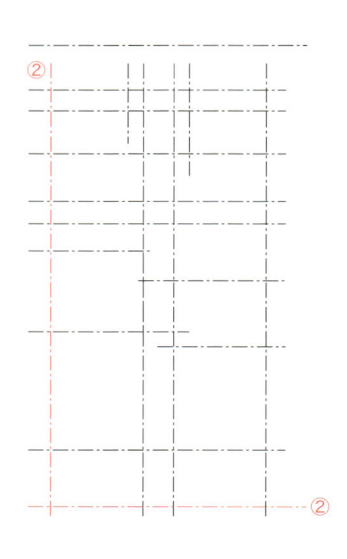

01-4 寸法線を引く

① 「(A)寸法線レイヤ」を書込みにする。

② 図にならって基準線のある位置に寸法線を描く。
　＊ p.68［寸法線］を参照

01-5 柱・外壁を描く

① 外壁を 2線 を用いて 150mm の厚さで描く。
　＊ p.26［連続2線］を参照

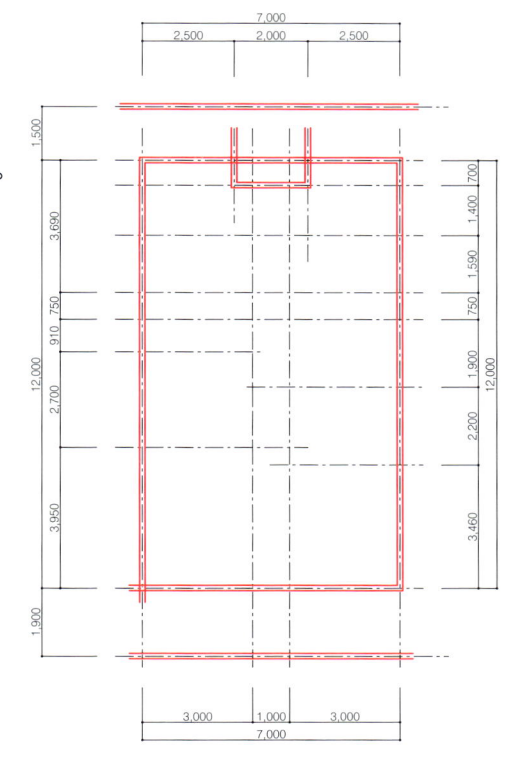

② 外壁の面に合わせて、1,000＊1,000mm サイズの柱を □ を用いて基準線の4隅に描く。
　＊ p.28［矩形］を参照

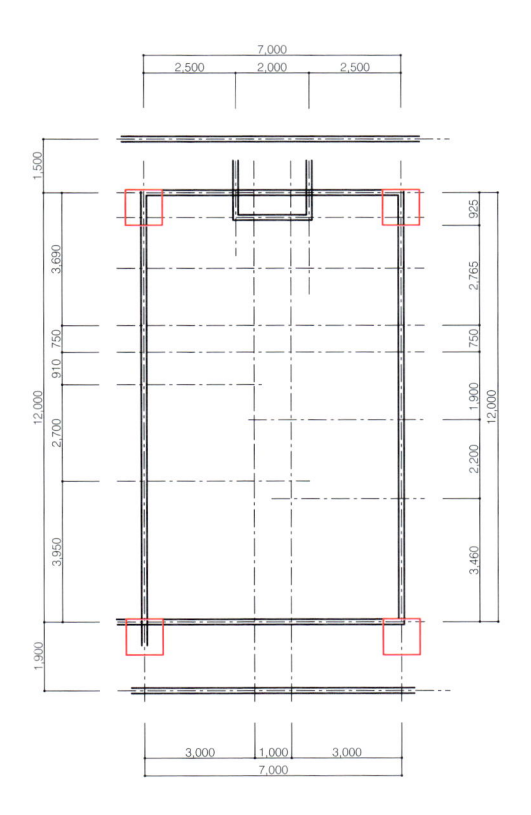

③ 包絡 などを用いて、壁と柱の接合部分を処理する。

＊ p.48［包絡］を参照

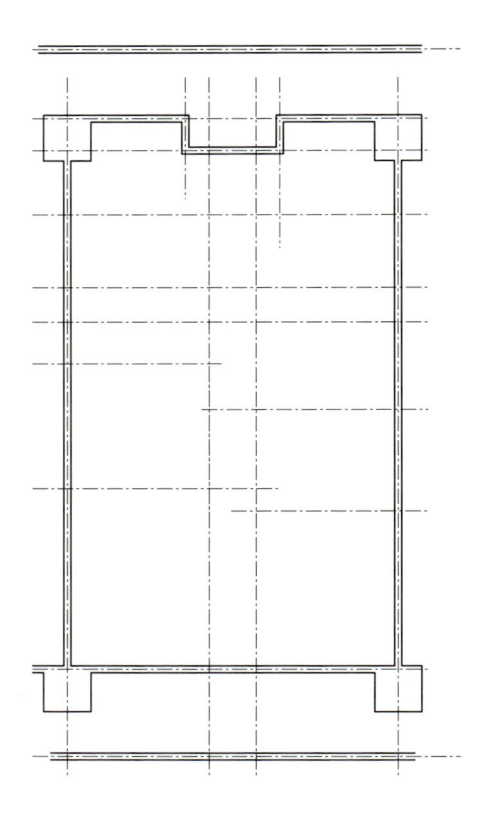

01-6　間仕切り壁を描く

①間仕切り壁を 2 線 を用いて 100mm の厚さで描く。（位置と寸法は p.139 を参照）

②不要な部分の壁を処理する。

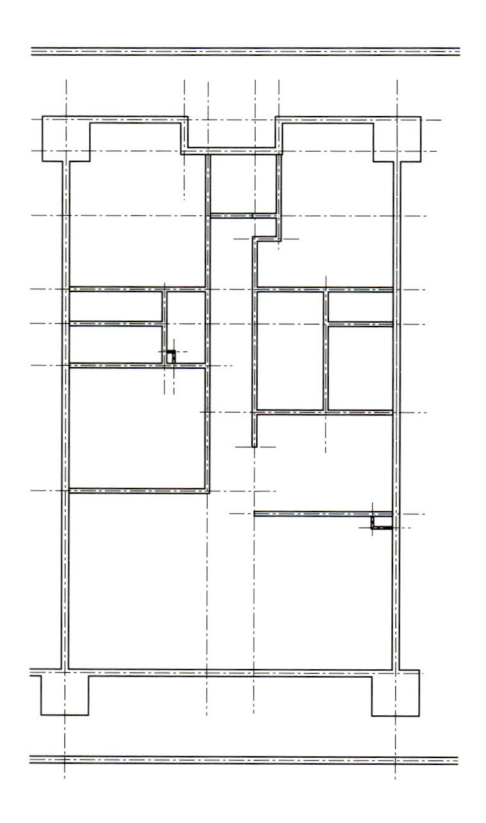

01-7 見え掛かりを描く

①「(3) 見え掛かり線レイヤ」を書込みにする。

②和室に畳を描く。1枚約 900＊1,800mm サイズ。部屋の右端から割り当てていき、左側の余った部分を板の間とする。板の間は、[分割]コマンドで5分割して表現する。

③上がり框(かまち)を、基準線を中心として100mm幅で描く。

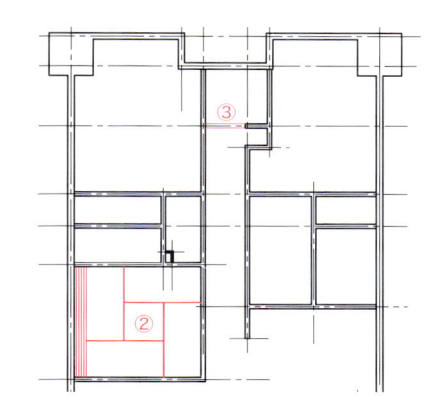

01-8 住戸を複写する

①[複写]→[全選択]→[選択確定]を🖱する。

②[反転]を🖱し、基準線ⓐ軸を選択する。
　＊p.38[図の反転複写]を参照

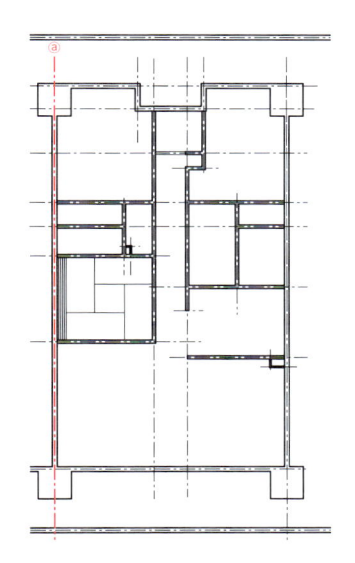

③1住戸の平面図を反転複写し、連続した2住戸にする。

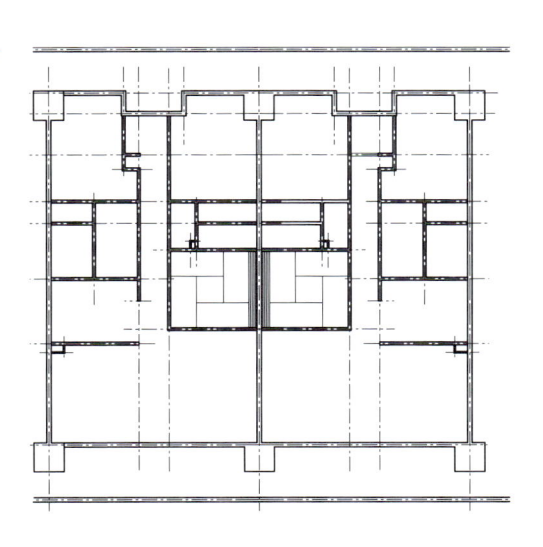

01-9　屋外階段を描く

①右端の柱をメニューバー［その他(A)］から［パラメトリック変形(P)］で移動し、壁面あわせにする。

＊p.54［パラメトリック］を参照

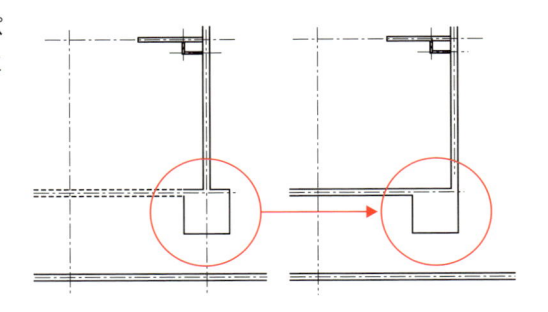

②「見え掛かりレイヤ」を書込みにし、図のように右住戸の外壁に屋外階段を描く。ただし踏面の線は、線色3で描く。

＊p.56［階段U字型］を参照

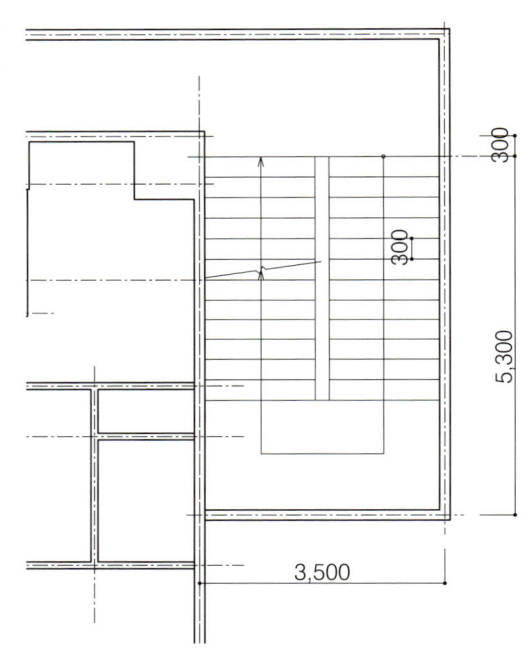

③2住戸を 反転複写 して、4住戸にする。

＊p.38［図の反転複写］を参照

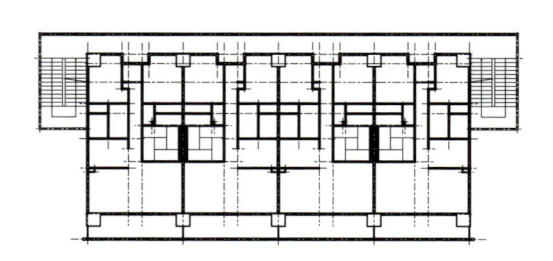

01-10 重複線・連結線の整理

① メニューバー［編集(E)］から［データ整理(E)］を選択する。

② [全選択]、[選択確定]の順に選択する。

③ [重複整理]を選択する。同じレイヤ上にある、同線種、同線色で重複していた線が1つの線に整理される。

④ 次に、連結線を整理する。[前範囲]、[選択確定]を指定する。

⑤ [連結整理]を選択する。同じレイヤ上にある、同線種、同線色で連なった線が1本の線として連結整理される。

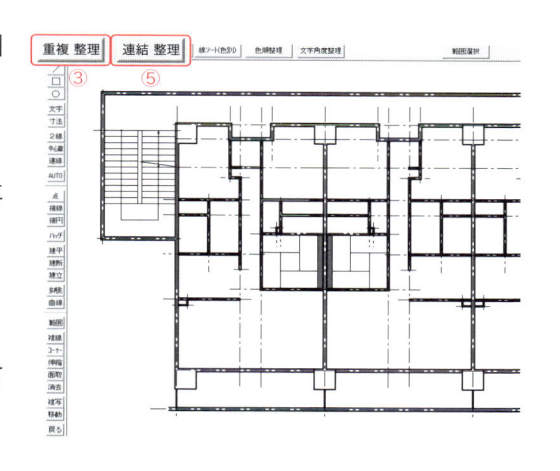

🔍 POINT
線の整理をすることで、ファイルサイズを減らしたり、作業効率を上げたりすることができる。

01-11 室名を入力する

① 「(9)補助線レイヤ」を書込みにし、線色を補助線色、補助線種に変更する。

② 各部屋の中心点が取れるように、対角線を引く。

🔍 POINT
補助線色を用いた線は、プリントアウトしたとき印刷されないので、このように位置決めをするときに用いると便利。

③ 「(B)文字」を書込みにし、②で作成した対角線の交点にスナップさせながら、各部屋に室名を入力する。
　＊ p.64［文字］を参照

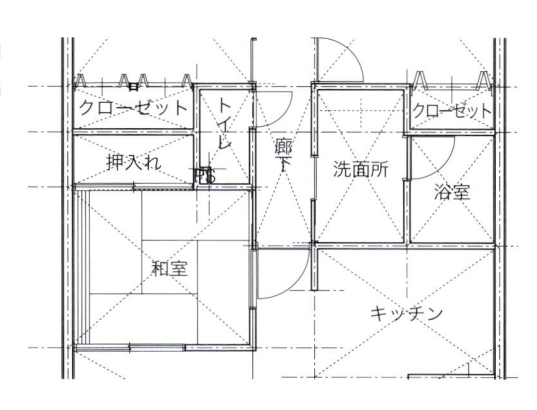

02 ▶ 建具の作図

02-1 引き違い窓（外壁に挿入）

① 幅1,200mmの引き違い窓を挿入する。

② 「⑨補助線レイヤ」を書込みにし、補助線種・補助線色で、1,200mm幅の窓を挿入する位置を決定する。

③ 補助線間の外壁を 消去 する。

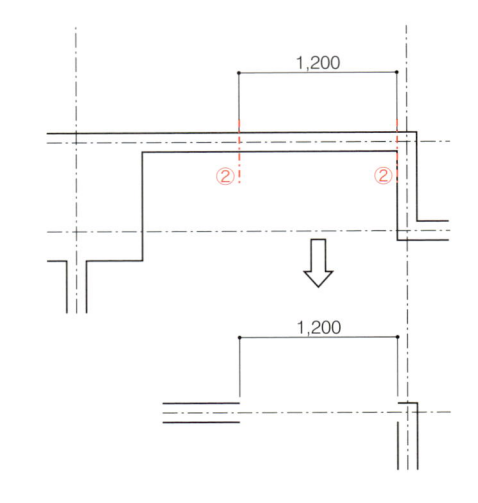

④ 「④建具」レイヤを書込みにし、線種実線、線色6を指定する。

⑤ メニューバー［作図（D）］から［建具平面（G）］を選択する。

⑥ jwwフォルダの中の【建具平面A】を開き、表示されたダイアログから［4］の建具を選ぶ。

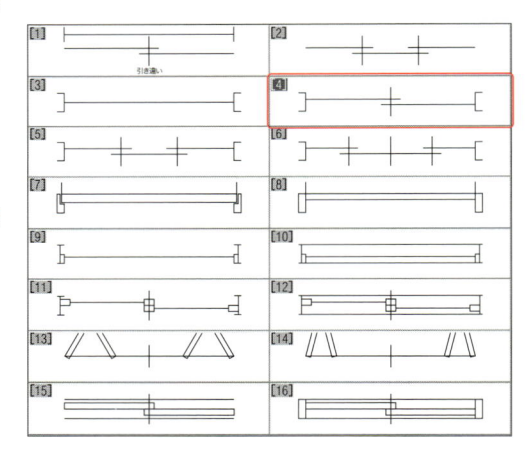

> **POINT**
> 内外反転、左右反転を用いることで、開き方を選択できる。

⑦ 建具を配置する基準線を指示し、コントロールバーの建具設定値に
　　見込 180　枠幅 35
　　内法 1,130 ＝ 1,200 －（35 ＋ 35）
を入力する。

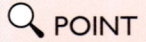

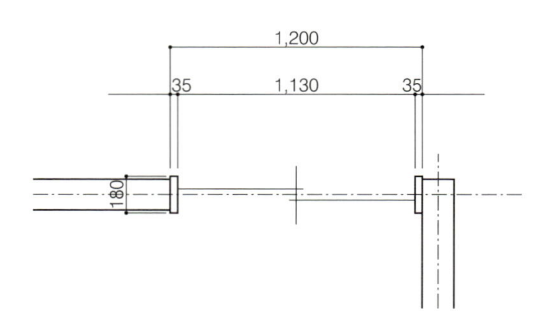

> **POINT**
> 内法の寸法は、建具幅から両端の枠幅のサイズを引いたもの。

⑧ > を 🖱 して、コントロールバーのメニューを変更し、 基準点変更 を 🖱 する。

⑨ 基準点変更で左中央の点を 🖱 する。

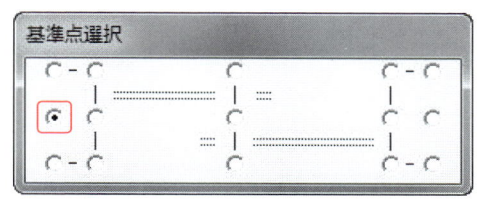

⑩ 左側の補助線と基準線の交点を 🖱 し、窓を挿入する。

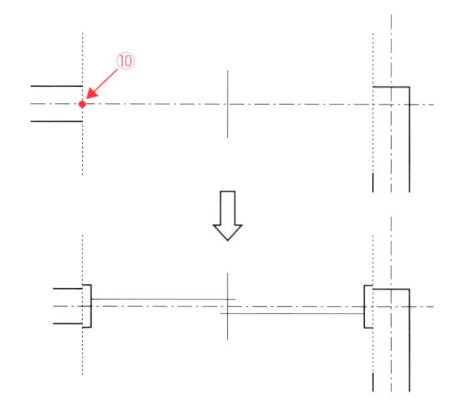

⑪ 窓枠および窓台等の見え掛かり線を描く。

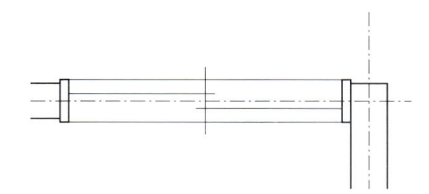

✓ CHECK

縮尺 1/100 図面の建具では、枠幅を描かないことが多い。その場合の建具は、以下の方法で描くこと。

＊ p.14［建具表示記号］を参照

① 幅 1,400mm の引き違い窓を作成する。
② 見込は「壁厚と同じ寸法 150」、内法は「建具幅と同じ寸法 1400」を入力する。

③ 基準点変更で内法の両端、または中心のいずれかを選択する。
④ 挿入した後、枠幅の線を消去して完成。

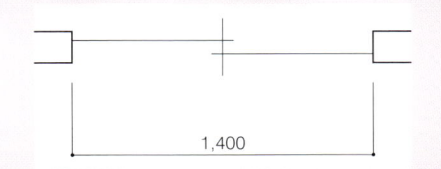

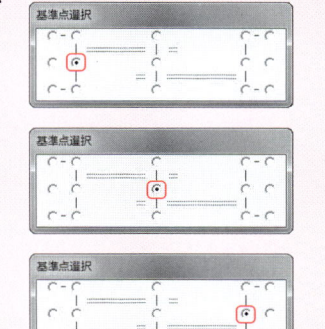

02-2　開き戸（内壁に挿入）

① 幅 800mm の開き戸を挿入する。

②「⑨補助線」レイヤを書込にし、補助線種・補助線色で、扉を挿入する位置を決定し、補助線間の外壁を 消去 する。

③「④建具」レイヤを書込にし、線種実線、線色 6 を指定する。

④ メニューバー［作図(D)］から［建具平面(G)］を選択する。

⑤ jww フォルダの中の【建具平面 A】を開き、表示されたダイアログから［8］の建具を選ぶ。

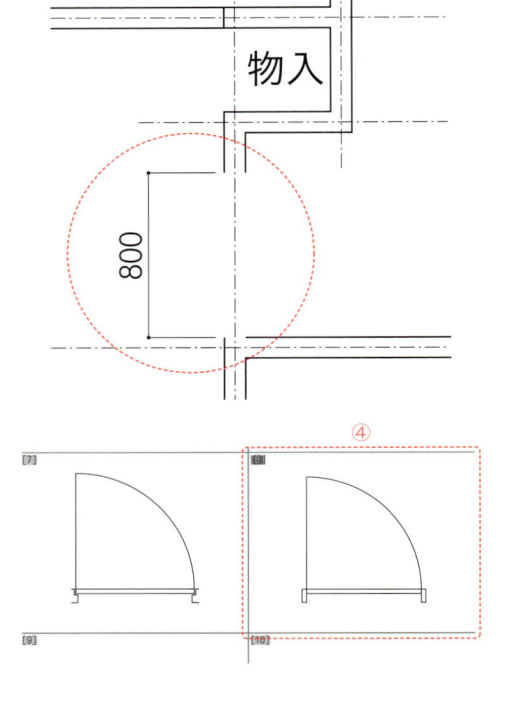

⑥ 建具を配置する基準線を指示し、コントロールバーの設定値に、以下を入力する。
　　見込 120　枠幅 35
　　内法 730 ＝ 800 －（35 ＋ 35）

🔍 POINT
見込寸法は、以下の値を設定すること。
　外壁（壁厚 150）の場合：180
　内壁（壁厚 100）の場合：120

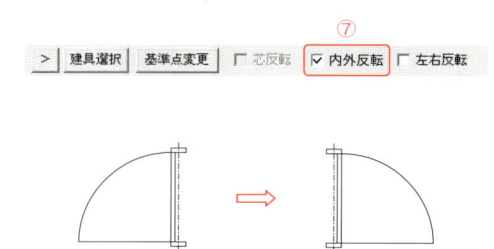

⑦ > を 🖱 して、コントロールバーのメニューを変更し、 内外反転 にチェック☑を入れる。扉の開く向きが変わる。

POINT
左右反転にチェック☑を入れると、向きはそのままで、つり元の位置が変更される。

⑧基準点変更で左中央の点を🖱する。

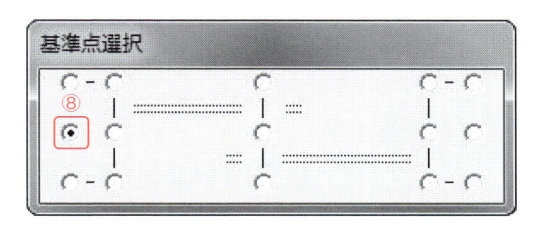

⑨下側の補助線と基準線の交点を🖱し、扉を挿入する。

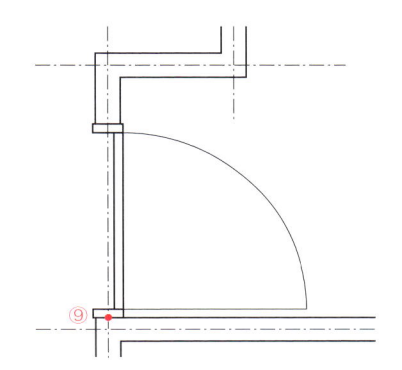

POINT
建具の内法については、以下の方法により、寸法指定をせずに挿入することができる。

①メニューバー［作図（D）］から［建具平面（G）］を選択する。
②表示されたダイアログから［4］の建具を選ぶ。
③建具を配置する基準線を指示し、コントロールバーの設定値に、以下を入力する。
　見込：180　または 120
　枠幅：35
　内法（無指定）

④基準点変更で左中央を指定する。
　＊上記⑧を参照
⑤挿入開始を指示する：右図 a を🖱。
　伸縮可能な建具が表示される。
⑥挿入終了を指示する：右図 b を🖱。
⑦窓枠および窓台等の見え掛かり線を描いて完成。

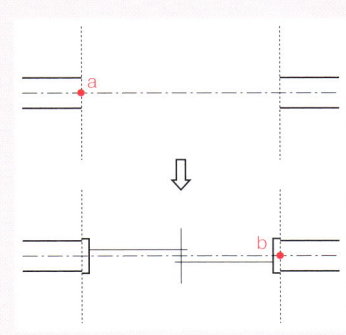

03 ▶ 練習問題　集合住宅に建具を挿入する（縮尺 1/100）

　集合住宅に建具を挿入しなさい。下図の建具ナンバーは、【建具平面 A】建具一般平面図の項目ナンバーと同一である。
　※印のように適切なものが見当たらない場合は、自作の建具を挿入すること。
　　＊ p.51 ［クローゼット］を参照

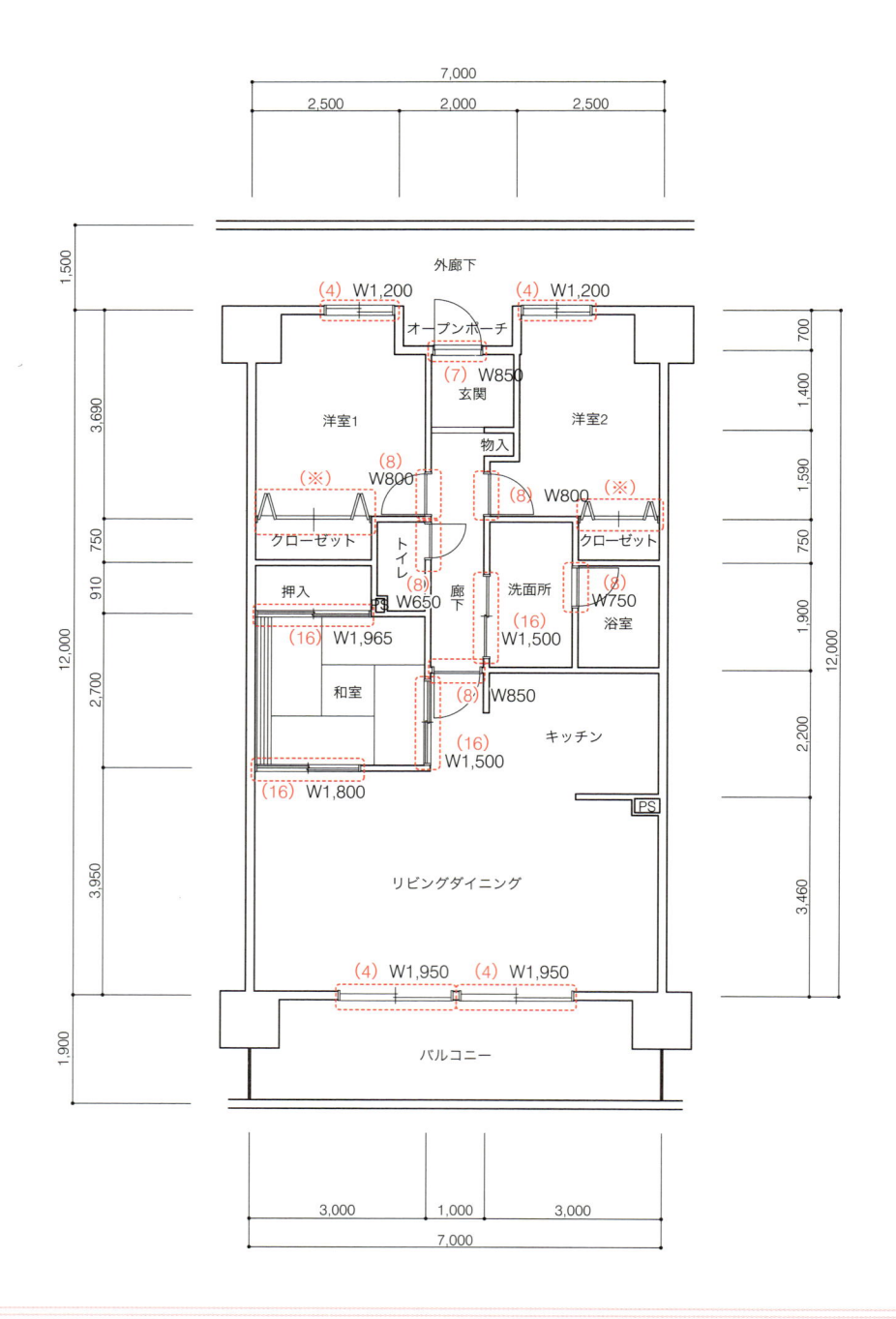

04 ▶ 平面詳細図における建具　　建築CAD検定対応

縮尺が 1/50 レベルの平面詳細図を作成する場合の、壁および建具の表現方法を学ぼう。

04-1　壁詳細と開口（W ＝ 700 の場合）

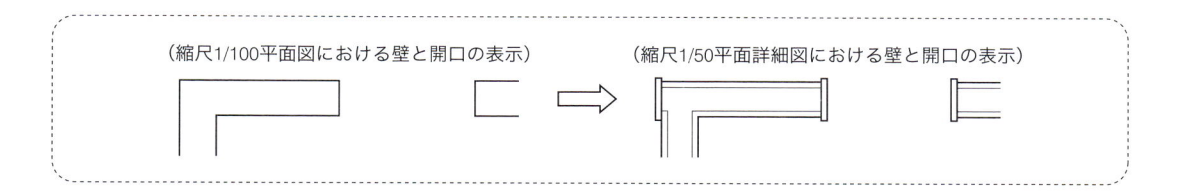

（縮尺1/100平面図における壁と開口の表示）　⇒　（縮尺1/50平面詳細図における壁と開口の表示）

① 仕上げを含めた壁厚が 150mm である場合、構造体厚を 100mm とし、その両側に 25mm の仕上厚で壁体を描く。
　＊ p.25 ［2 線］を参照

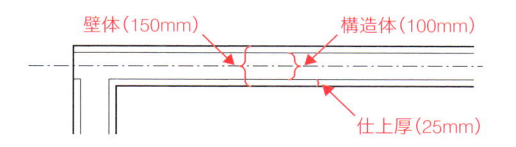

壁体(150mm)　構造体(100mm)　仕上厚(25mm)

② 開口部に補助線で、開口幅の 700mm の位置、および建具枠の位置決めをする。
　＊ p.27 ［複線］を参照

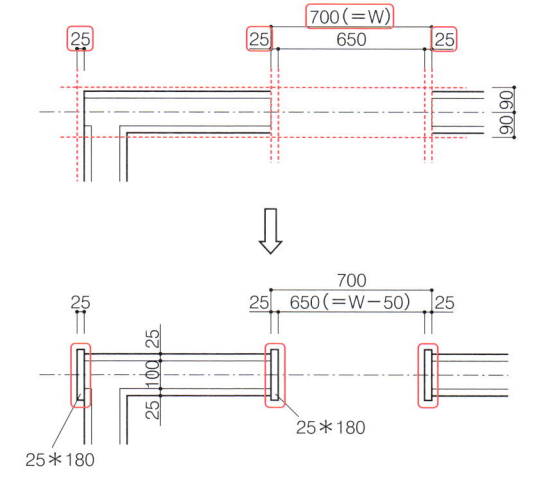

③ 25 ＊ 180mm の矩形で開口枠を描く。
　＊ p.28 ［矩形］を参照

700（＝W）/ 650 / 25

700 / 650（＝W−50）/ 25　25＊180

3　平面図を描く

04-2　片開き扉（W＝700 の場合）

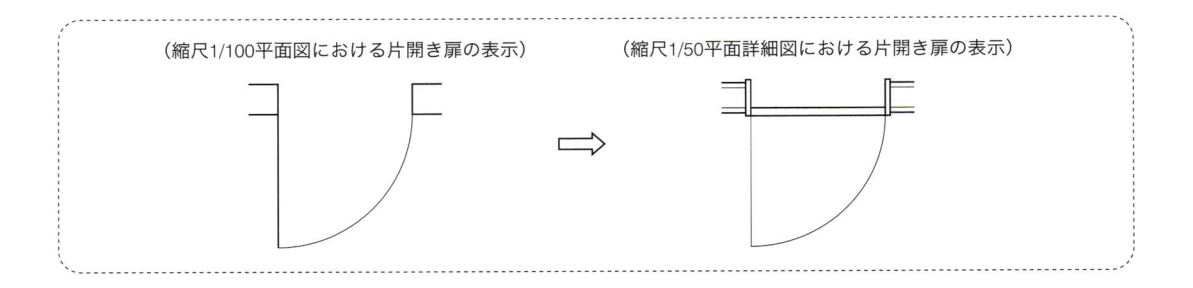

（縮尺1/100平面図における片開き扉の表示）　（縮尺1/50平面詳細図における片開き扉の表示）

① 開口部に補助線で、開口幅の 700mm の位置、および建具枠の位置決めをする。
　＊ p.27［複線］を参照

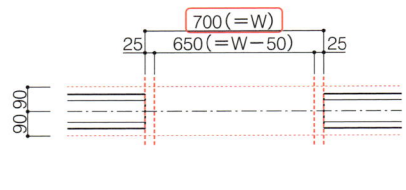

② 25＊180mm の矩形で建具枠を描く。
　＊ p.28［矩形］を参照

③ 扉、および扉の軌跡を直線と円弧を用いて描く。
　＊ p.29［円弧］を参照

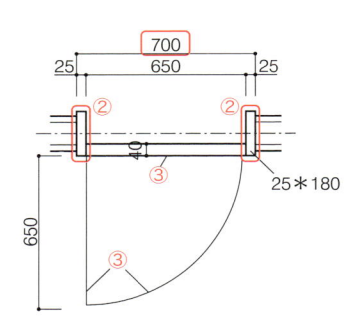

04-3　引き違い戸（W＝1,670の場合）

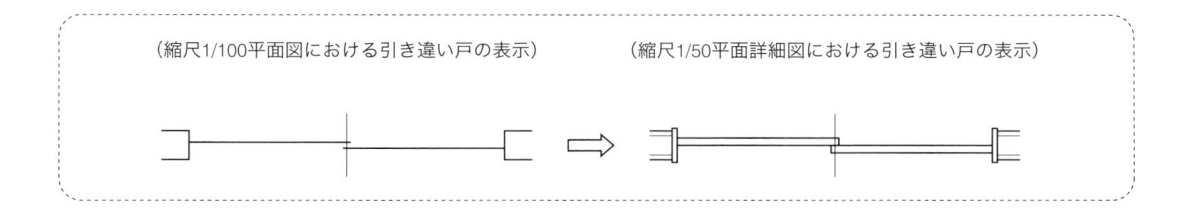

（縮尺1/100平面図における引き違い戸の表示）　　（縮尺1/50平面詳細図における引き違い戸の表示）

① 開口部に補助線で、開口幅の700mmの位置、および建具枠の位置決めをする。
　＊p.27［複線］を参照

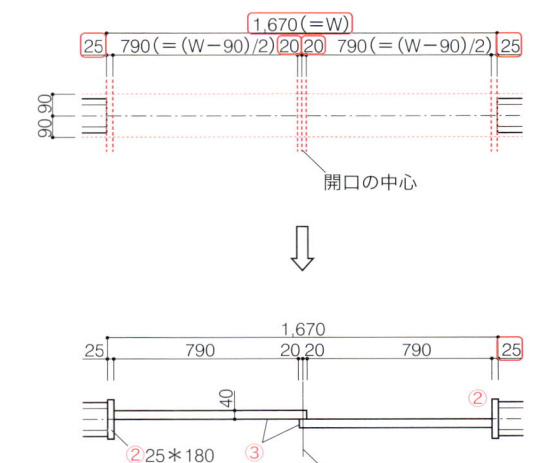

☑ CHECK
戸幅を示す補助線の位置は、開口幅によって変わる。w＝(W－90)/2の式に当てはめて、補助線の位置決めをすること。

② 25＊180mmの矩形で建具枠を描く。
　＊p.28［矩形］を参照

③ 40mm厚の戸を矩形790＋40（＊40）で2枚描く。

④ 中心線を基準線から内外に200mmずつ、計400mmで描く。
　＊p.25［中心線］を参照

04-4　引き違い窓（腰窓）（W＝1,670）

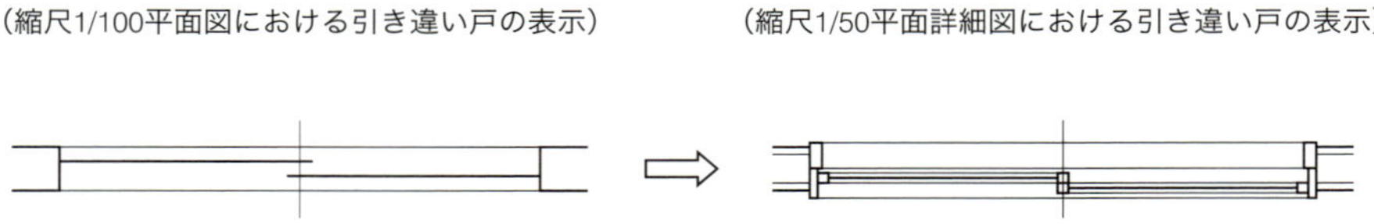

（縮尺1/100平面図における引き違い戸の表示）　　（縮尺1/50平面詳細図における引き違い戸の表示）

① 開口部に補助線で、開口幅の 1,670mm の位置、および建具枠の位置決めをする。
　＊ p.27 ［複線］を参照

② 40＊90mm の矩形で内枠を描く。
　＊ p.28 ［矩形］を参照

③ 25＊100mm の矩形でサッシ枠を描く。

④ 35＊35mm の矩形でガラスを固定する框(かまち)を描く。

⑤ 框の間に中心線を用いて、ガラスの線を描く。

⑥ 内枠、サッシ枠、ガラスの両側における見え掛かり線を描く。

⑦ 中心線を基準線から内外に 200mm ずつ描く。
　＊ p.25 ［中心線］を参照

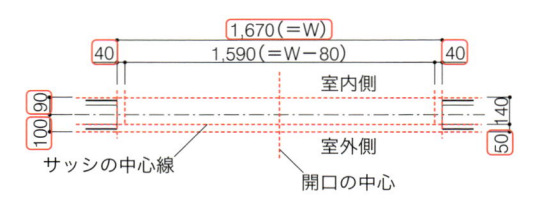

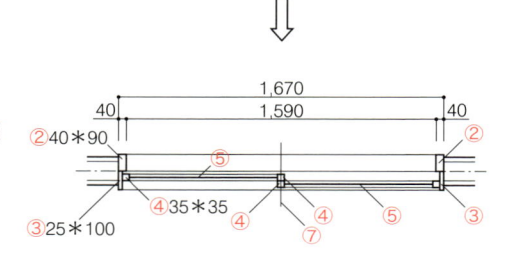

🔍 POINT

◆図形登録の方法
　図形登録を行うと、建具や設備のカタログと同じように登録されるので、呼び戻して配置できる。
　① メニューバーの［その他(A)］から［図形登録(W)］を選択する。
　② 登録したい図形の範囲を指定する。
　③ 選択確定を🖱する。
　④《図形登録》を押すと図形フォルダが表示されるので、新規で名前を付けて保存する。
　（他のドライブに保存先を変更、および呼び出しができる）

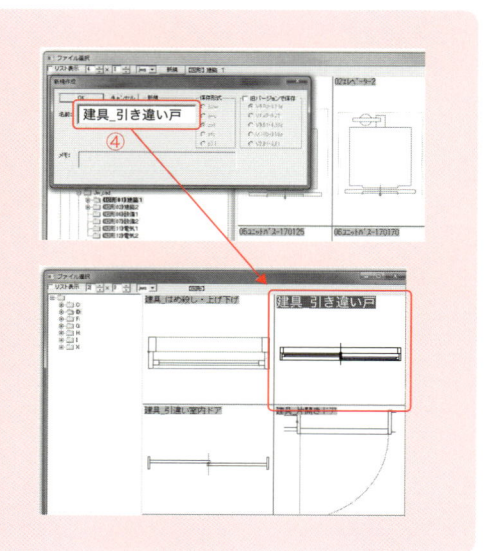

04-5　引き違い窓（掃き出し窓）（W = 1,670）

（縮尺1/100平面図における引き違い戸の表示）　　（縮尺1/50平面詳細図における引き違い戸の表示）

① 開口部に補助線で、開口幅の 1,670mm の位置、および内枠の位置決めをする。
　＊ p.28［複線］を参照

② 40＊90mm の矩形で内枠を描く。
　＊ p.27［矩形］を参照

③ 25＊100mm の矩形でサッシ枠を描く。

④ 35＊35mm の矩形でガラスを固定する框を描く。

⑤ 框の間に中心線を用いて、ガラスの線を描く。
　＊ p.25［中心線］を参照

⑥ 内枠、サッシ枠、ガラスの両側における見え掛かり線を描く。

⑦ 中心線を基準線から内外に 200mm ずつ描く。

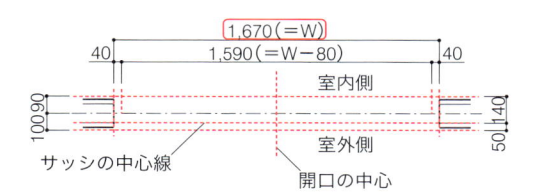

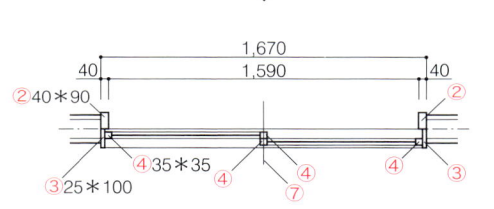

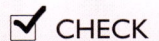

✓ CHECK
掃きだし窓には、室内側の見え掛かり線は不要。

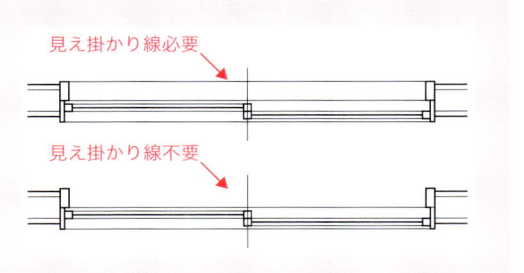

見え掛かり線必要
見え掛かり線不要

04-6　引き込み戸（W＝700）

（縮尺1/100平面図における引き込み戸の表示）　　（縮尺1/50平面詳細図における引き込み戸の表示）

① 開口部に補助線で、開口幅の 700mm の位置、戸が引き込まれる位置、および建具枠の位置決めをし、引き込み側の下半分の壁を処理する。
＊ p.27 ［複線］を参照

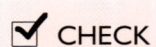

> ✓ **CHECK**
> 戸が引き込まれる位置を示す補助線は、開口幅によって変わる。w＝W＊2－25 の式に当てはめて、補助線の位置決めをすること。

② 25＊180mm の矩形で建具枠を描く。
＊ p.28 ［矩形］を参照

③ 25＊115mm の矩形で建具枠を描く。

④ 25＊100mm の矩形で引き込む壁側の建具枠を描く。

⑤ 戸を 675＊40mm の矩形で描く。

⑥ 引き込み側の壁の下半分について、躯体厚 40mm で描き、さらに仕上げ線を 25mm 厚で描く。

⑦ 戸の引き込む軌跡を点線で描く。

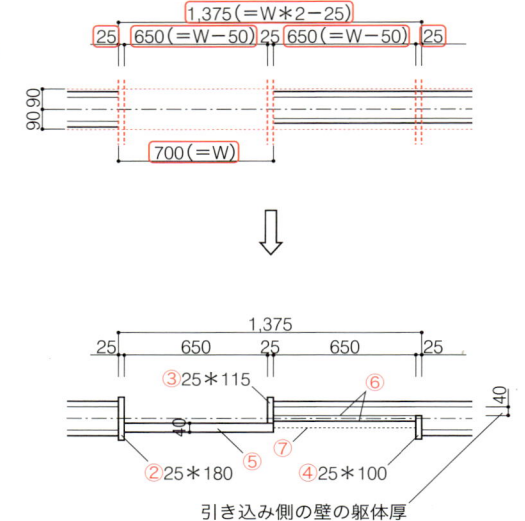

04-7　はめ殺し、上げ下げ窓（W＝700）

（縮尺1/100平面図におけるはめ殺し窓・上げ下げ窓の表示）　（縮尺1/50平面詳細図におけるはめ殺し窓・上げ下げ窓の表示）

① 開口部に補助線で、開口幅の 700mm の位置、および内枠の位置決めをする。
　＊ p.27［複線］を参照

② 40＊90mm の矩形で内枠を描く。
　＊ p.28［矩形］を参照

③ 25＊100mm の矩形でサッシ枠を描く。

④ 35＊30mm の矩形でガラスを固定する框を描く。

⑤ 框の間に中心線を用いて、ガラスの線を描く。
　＊ p.25［中心線］を参照

⑥ 内枠、サッシ枠、ガラスの両側における見え掛かり線を描く。

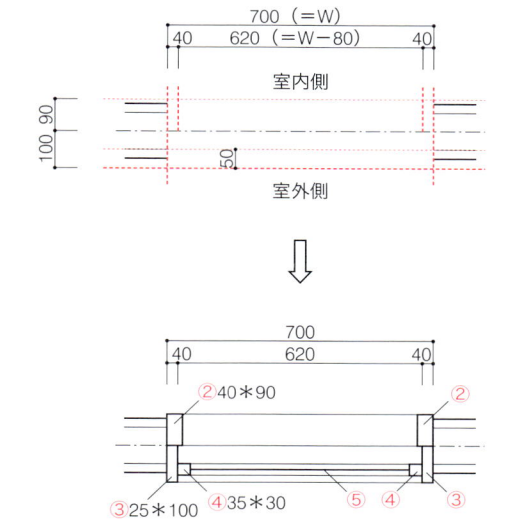

04-8　浴室・勝手口用片開き扉（W = 700）

（縮尺1/100平面図における浴室・勝手口片開き扉の表示）　（縮尺1/50平面詳細図における浴室・勝手口用片開き扉の表示）

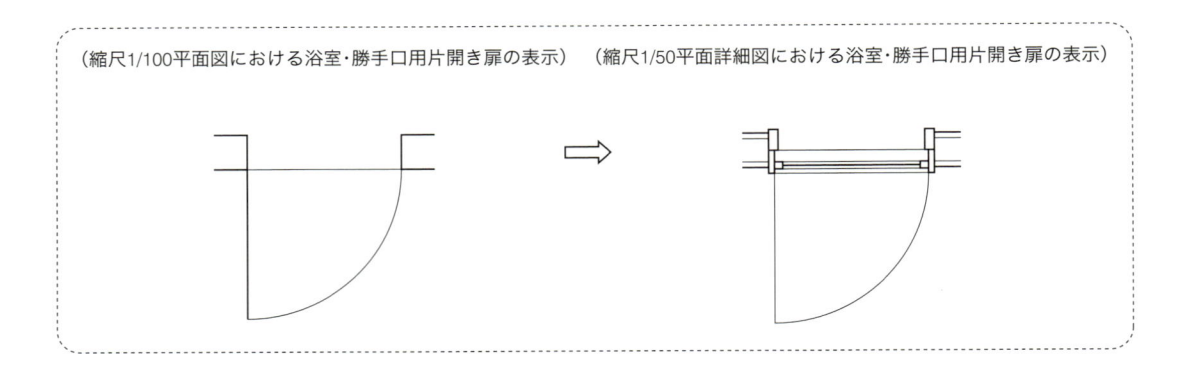

① 開口部に補助線で、開口幅の 700mm の位置、および内枠の位置決めをする。
 ＊ p.27 ［複線］を参照

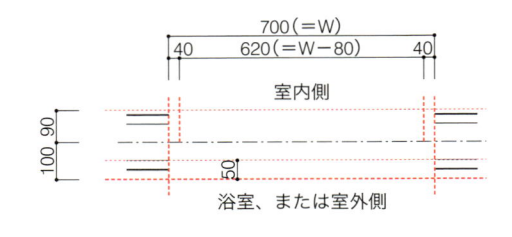

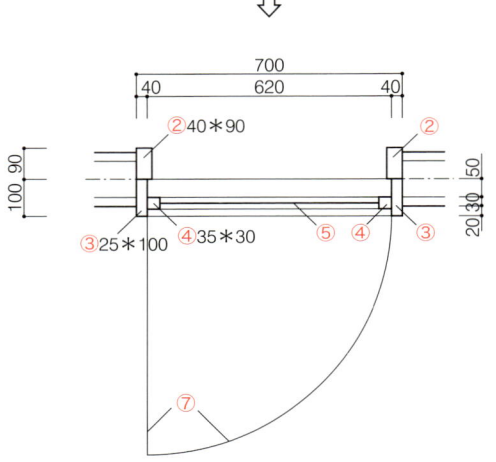

② 40＊90mm の矩形で内枠を描く。
 ＊ p.28 ［矩形］を参照

③ 25＊100mm の矩形でサッシ枠を描く。

④ 35＊30mm の矩形でガラスを固定する框を描く。

⑤ 框の間に中心線を用いて、ガラスの線を描く。
 ＊ p.25 ［中心線］を参照

⑥ 内枠、サッシ枠、ガラスの両側における見え掛かり線を描く。

⑦ 扉の開く軌跡を半径 650mm の円弧と長さ 650mm の直線で描く。
 ＊ p.29 ［円弧］を参照

04-9　浴室用引き込みのサッシドア（W＝700）

（縮尺1/100平面図における浴室用引き込み戸の表示）　（縮尺1/50平面詳細図における浴室用引き込み戸の表示）

① 開口部に補助線で、開口幅の 700mm の位置、戸が引き込まれる位置、および建具枠の位置決めをし、引き込み側の下半分の壁を処理する。
＊ p.27［複線］を参照

✓ CHECK
戸が引き込まれる位置を示す補助線は、開口幅によって変わる。w＝W＊2－40 の式に当てはめて、補助線の位置決めをすること。

② 40＊90mm の矩形で内枠を描く。
＊ p.28［矩形］を参照

③ 25＊100mm の矩形でサッシ枠を描く。

④ 25＊110mm の矩形で引き込む壁側のサッシ枠を描く。

⑤ 内枠の外側に 25＊25mm の矩形を描く。

⑥ 35＊30mm の矩形でガラスを固定する框を描く。

⑦ 框の間に中心線を用いて、ガラスの線を描く。
＊ p.25［中心線］を参照

⑧ サッシ枠、ガラスの両側における見え掛かり線を描く。

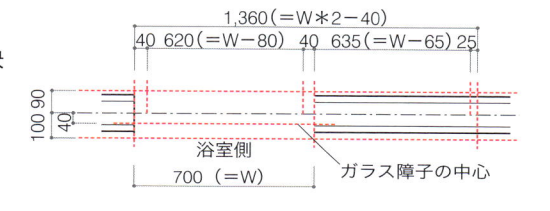

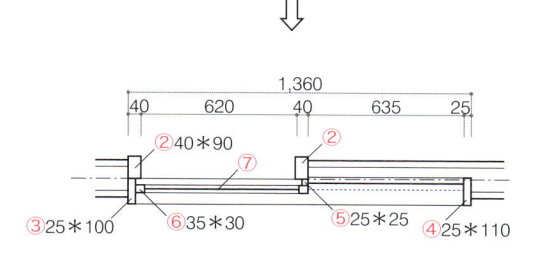

04-10　折れ戸（W ＝ 1,215）

（縮尺1/100平面図における折れ戸の表示）　（縮尺1/50平面詳細図における折れ戸の表示）

① 開口部に補助線で、開口幅の 1,215mm の位置、および建具枠の位置決めをする。
 * p.27［複線］を参照

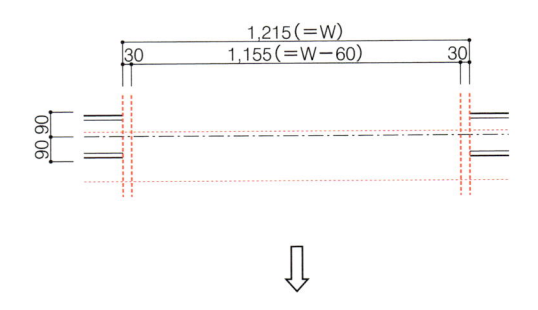

② 30 ＊ 180mm の矩形で建具枠を描く。
 * p.28［矩形］を参照

③ 40mm 厚の戸を矩形（40 ＊ 288.75）で 15 度（もしくは－ 15 度）回転させたものを 4 枚描く。

④ 戸の軌跡と見え掛り線を描く。

⑤ 中心線を基準線から内外に 200mm ずつ描く。
 * p.25［中心線］を参照

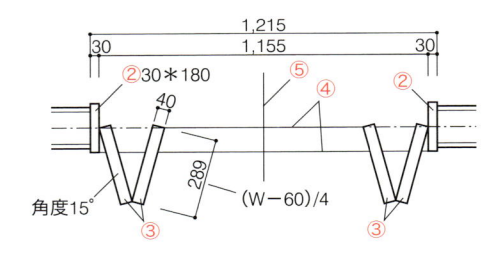

✓ CHECK
各戸の幅は建具全体の幅によって変わる。
戸幅（w）＝ W － 60/4 の式に当てはめて、戸幅を計算すること。

04-11　3枚窓（W＝2,580、内法500）

（縮尺1/100平面図における3枚窓［腰窓］の表示）　　　（縮尺1/50平面詳細図における3枚窓［腰窓］の表示）

① 開口部に補助線で、開口幅の 2,580mm の位置、および内枠、サッシの框の位置決めをする。
　＊ p.27［複線］を参照

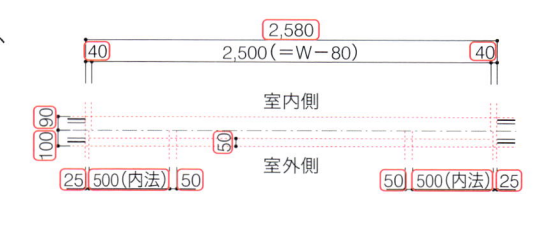

② 基準線から室内側に 90mm、室外側に 50mm および 100mm 離れたところに複線で補助線を引く。

③ 40＊90mm の矩形で内枠を描く。
　＊ p.28［矩形］を参照

④ 25＊100mm の矩形でサッシ枠を描く。

⑤ 50＊50mm の矩形ではめ殺しガラス窓を固定する框を描く。

⑥ 50＊30mm の矩形で可動するガラス窓を固定する框を描く。

⑦ それぞれの框の間に中心線を用いて、ガラスの線を描く。
　＊ p.25［中心線］を参照

⑧ 内枠、サッシ枠、ガラスの両側における見え掛かり線を描く。

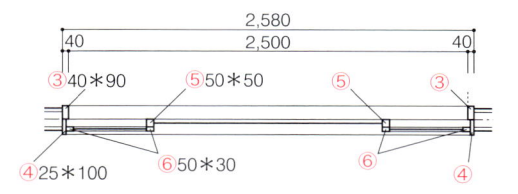

05 ▶ 練習問題　集合住宅に建具を描く（縮尺 1/50）

以下の図面に建具を配置しなさい。建具ナンバーは、「**3** 04 平面詳細図における建具」（p.89〜）の項目ナンバーとする。

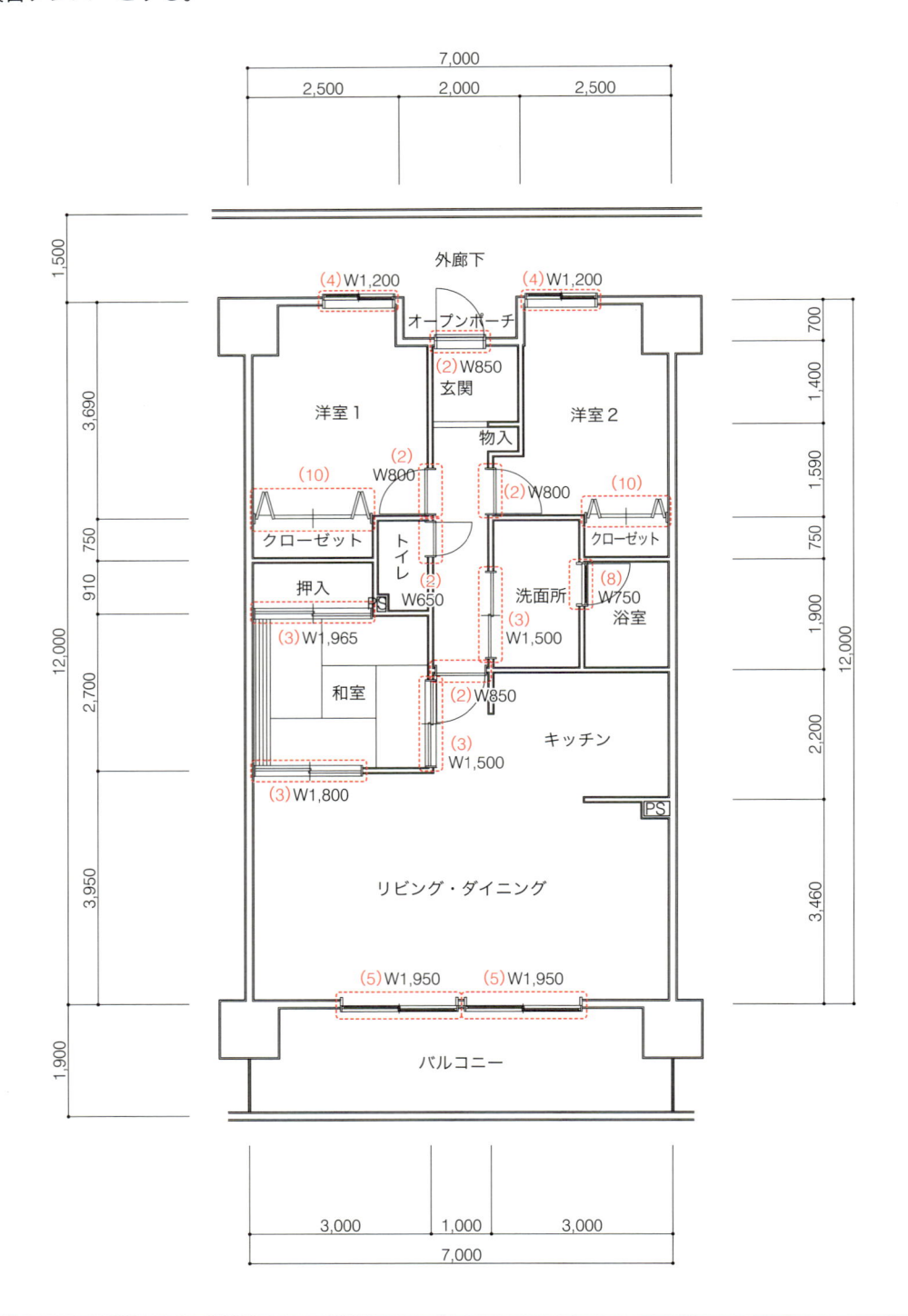

06 ▶ 設備の作図　ユニットバス

① メニューバーの［その他(A)］から［図形(Z)］を🖱する。

② ファイル選択ダイアログよりユニットバスを🖱🖱で選んで図面上の適切な箇所で🖱し、配置する。

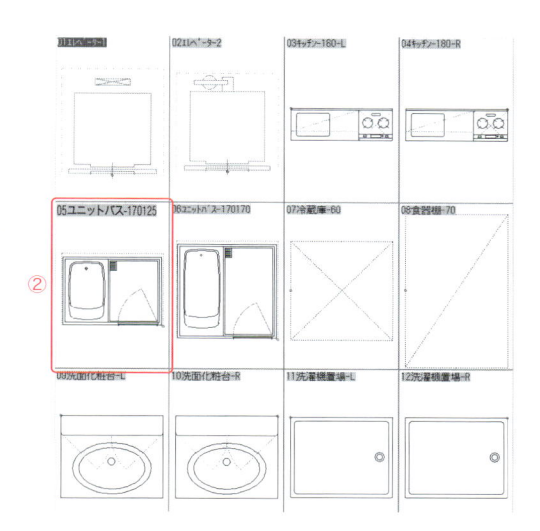

✓ CHECK

［作図属性］を🖱し、「書込み【線色】で作図」にチェック☑を入れると、現在の指定線色で図形が描かれる。

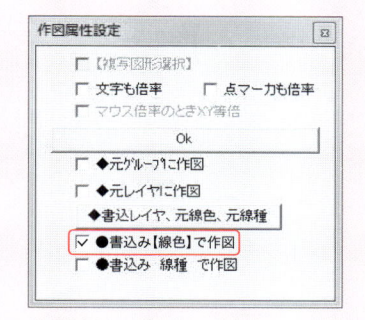

🔍 POINT

◆ コントロールバーの「倍率」が無指定のとき、倍率は「1，1」、回転角は「0」となる。
　左右反転時は倍率「－1，1」、
　上下反転時は倍率「1，－1」にする。

◆ 図形の基準点変更はできないため、一度配置してから移動コマンドなどで基準点変更して配置する。

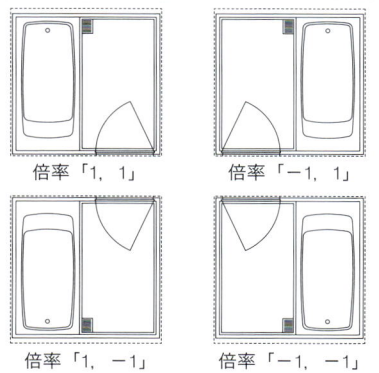

倍率「1，1」　　倍率「－1，1」

倍率「1，－1」　倍率「－1，－1」

07 ▶ 練習問題　集合住宅に設備を描く（縮尺 1/100）

集合住宅の平面図に以下の設備を配置しなさい。

{{図形01}} 建築1の図形より選択
- トイレ　　：14 洋便器
- 洗面所　　：10 洗面化粧台-R
- 　　　　　：11 洗濯機置場-L
- 浴室　　　：BAS-YOU（洗い場にタイルの目地を描くこと）
   ＊p.52［分割］を参照
- キッチン　：04 キッチン180-R（作業台の長さは適宜伸縮し、カウンターを追加すること）
- 　　　　　：07 冷蔵庫-60

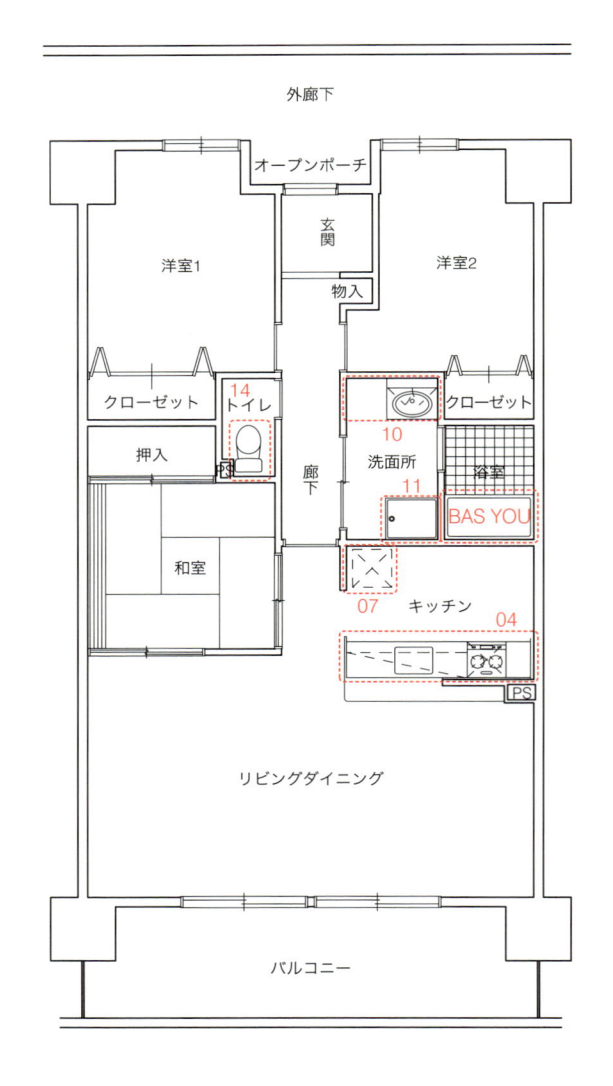

08 ▶ コートハウスの平面図を描く（平面図の復習）

08-1　1F・2F 平面図の作成

以下の図面をトレースしなさい。
・用紙サイズ：A4
・縮尺　　　：1/100
・壁厚　　　：150

1F 平面図

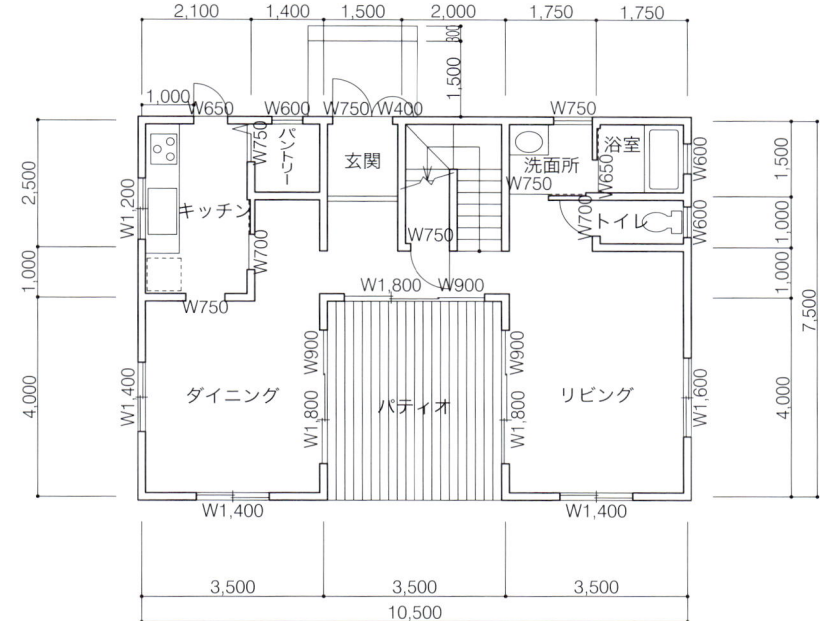

＊解答は p.134「コートハウス1階平面図（S＝1/100）」

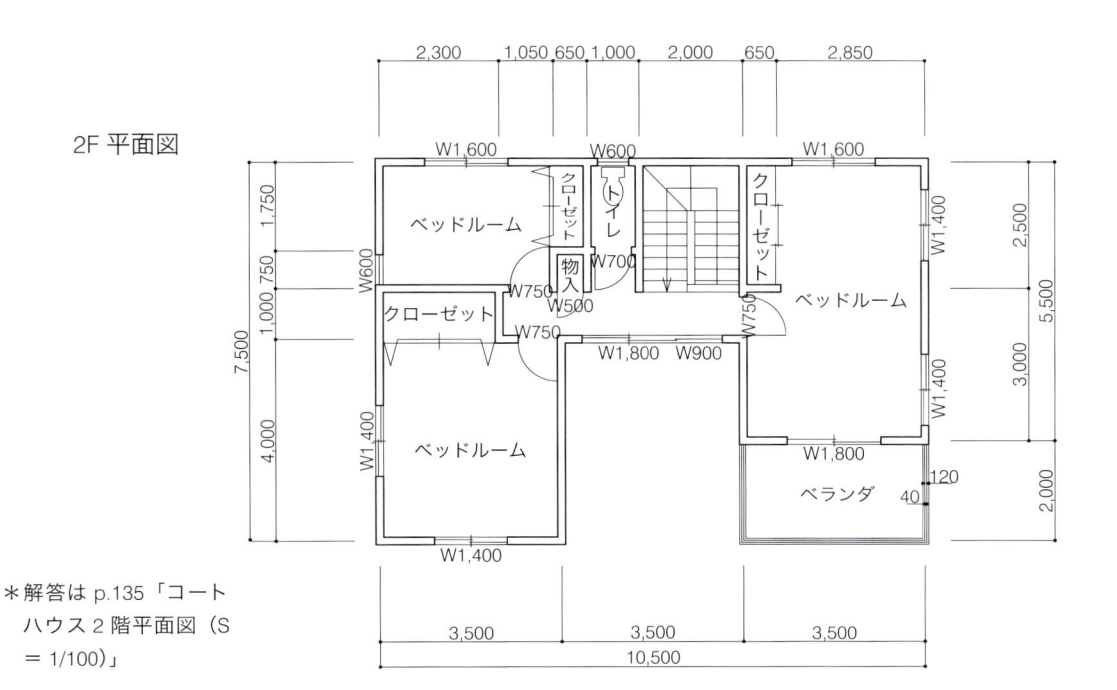

2F 平面図

＊解答は p.135「コートハウス2階平面図（S＝1/100）」

08-2　縮尺1/50 平面詳細図の作成

以下の図面をトレースしなさい。
- 用紙サイズ：A4
- 縮尺　　　：1/50
- 構造体厚　：100
- 仕上厚　　：25

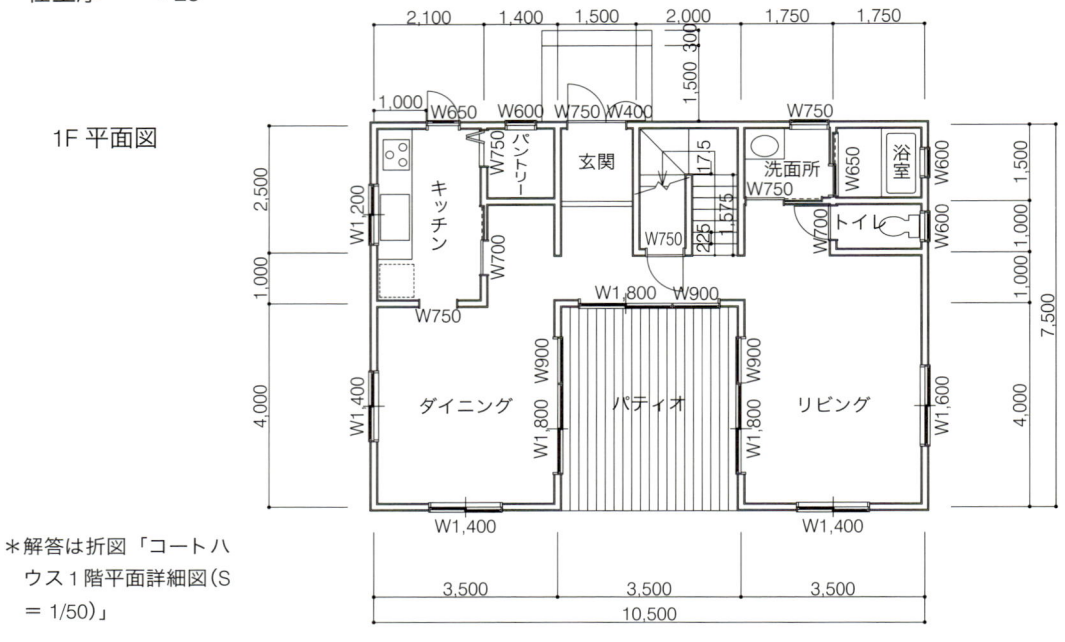

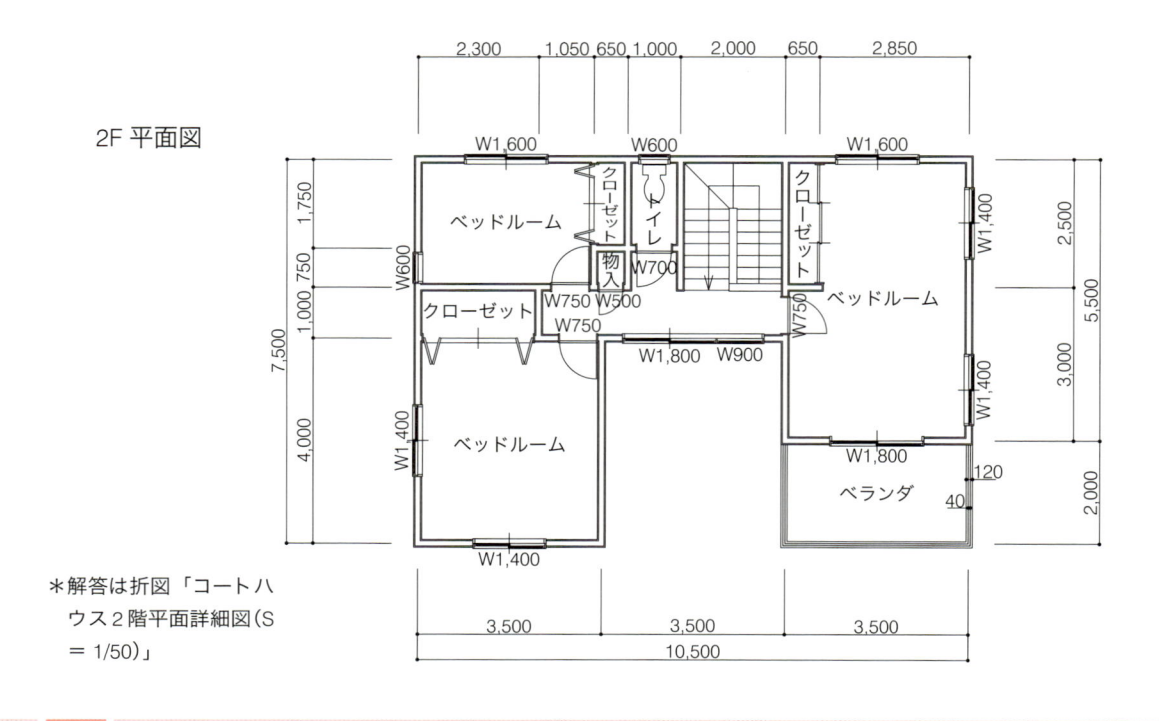

1F 平面図

＊解答は折図「コートハウス１階平面詳細図（S＝1/50）」

2F 平面図

＊解答は折図「コートハウス２階平面詳細図（S＝1/50）」

4 断面図を描く

3で作成した「コートハウス」の平面図をもとに、断面図を作図する。平面図で描いた基準線、壁、建具などの線を利用しながら、断面図作成の方法を学ぶ。

01 コートハウスの Y–Y' 断面図を作成する

01-1 準備

①平面図に切断線を描く。

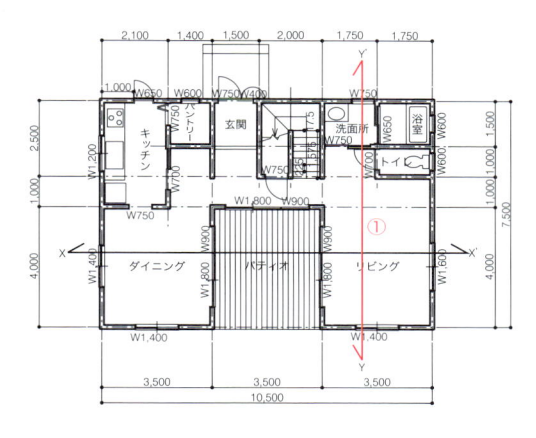

②新規に Y–Y' 断面図のレイヤグループ［5］を作成し、書込みレイヤグループとする。

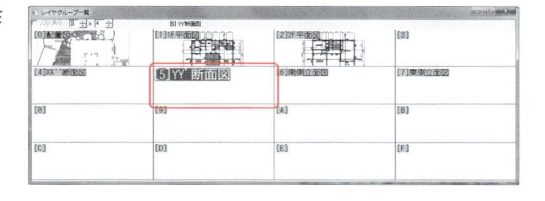

③Y–Y' 断面図レイヤグループ［5］のレイヤ（E）にコートハウス 1 階平面図を東側が下に来るよう 90 度回転させたものを複写する。
＊ p.37［図の複写］を参照

レイヤ名の例）
(0)基準線　(1)壁　(3)見え掛かり
(4)建具　(9)補助線　(A)寸法線
(B)室名　(C)建具寸法
(E)1F 平面図コピー　(F)2F 平面図コピー

④同様に、Y-Y'断面図レイヤグループ [5] のレイヤ (F) に、2階平面図を東側が下に来るよう−90度回転させたものを複写する。

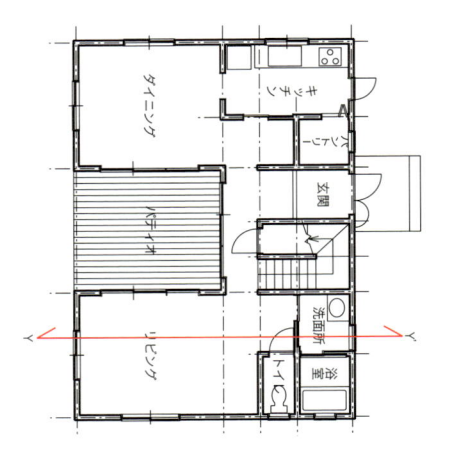

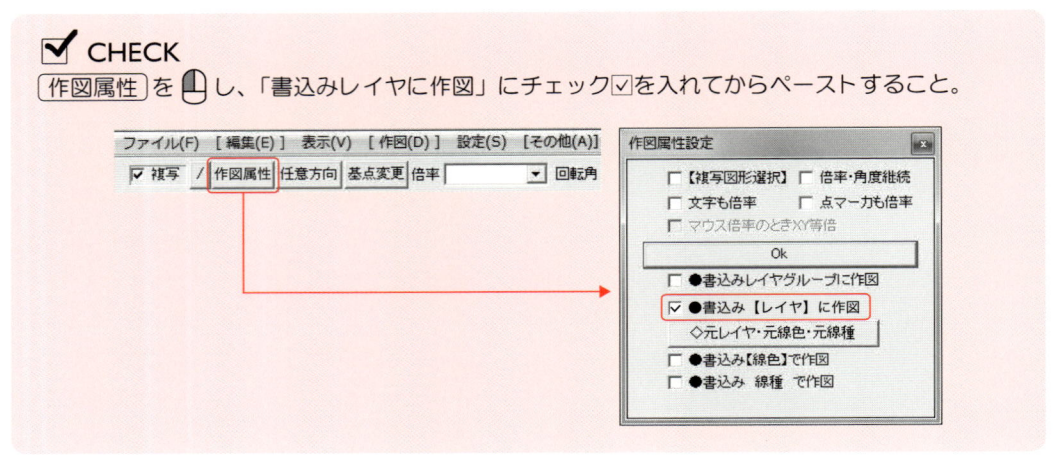

> ✓ **CHECK**
> 作図属性 を 🖱 し、「書込みレイヤに作図」にチェック☑を入れてからペーストすること。

01-2 基準線を引く

①平面図のY軸方向の基準線を下方に延長させる。

> ✓ **CHECK**
> 伸縮せずに、新たな線を引くこと。

② GL線を平面図の一番下の基準線から、10,000ほど下に作図する。
（これから描く断面図の空間を取る）

③ 複線 を用いて以下のa〜eの高さ方向の基準線を5本作成する。

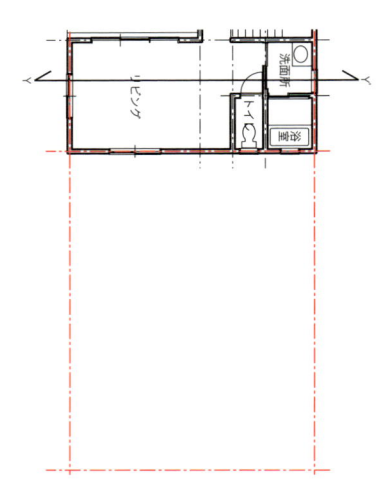

01-3 寸法線を引く

① GL から建物の最高高さまで、各階の高さ寸法を描いていく。
- a 基礎上端 ：GL ＋ 300
- b 1FL ：基礎上端＋ 150
- c 2FL ：1FL ＋ 2,950
- d RFL ：2FL ＋ 2,935
- e 最高高さ：RFL ＋ 400

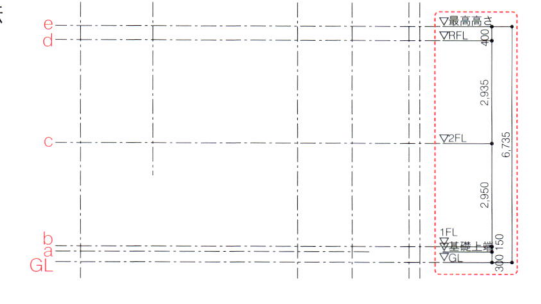

② 高さ記号を挿入する。
［その他(A)］→［線記号変形(S)］を選択し、【線記号変形A】建築1 →「高さ記号（3mm）」を🖱🖱し、適切な位置に配置する。

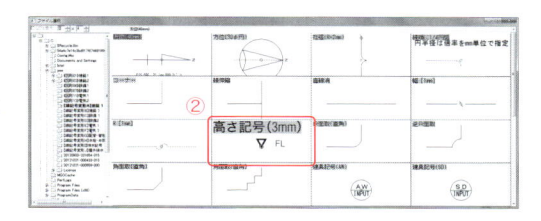

③ 文字入力ボックスに文字を入力する。

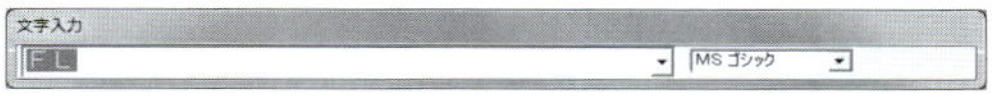

④ 適切な位置にクリックして挿入する。

01-4 構造体の作図

① 1F 平面図の壁厚線を断面図に下ろす。

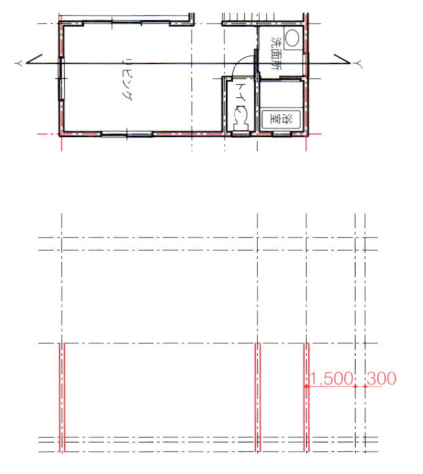

②次に 2F 平面図の壁厚線を断面図に下ろす。

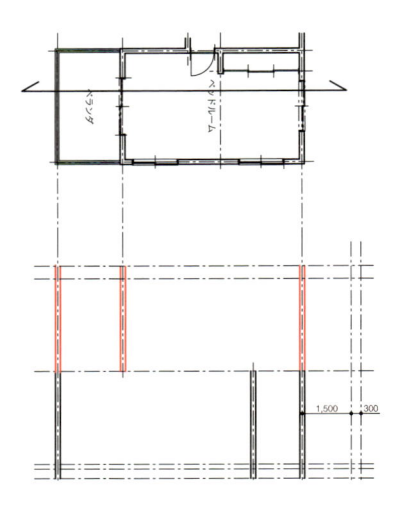

③GL、スラブ厚、天井高の線を描く。

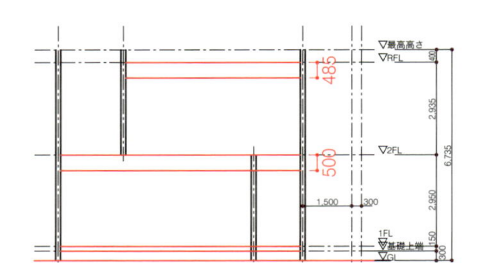

01-5　構造体細部の作図

①線を整えて、構造体を完成させる。

②細部を描く。
　　a　パラペット
　　b　基礎の上端
　　c　玄関庇
　　d　ベランダ

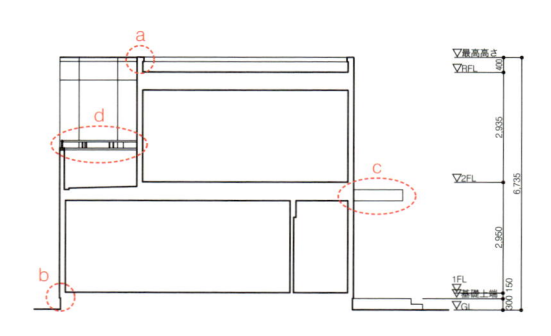

a. パラペット
　①180＊120 の矩形を描く

　②笠木の左端を面取する。
　　角面（面寸法）、寸法 20

　③面取した斜線の右端から、傾斜－1.5 の線を右に向かって引く。

　④線を整理して形を整える。

b. 基礎の上端
　①基礎部分の壁厚を仕上げ分の 25mm 控える。

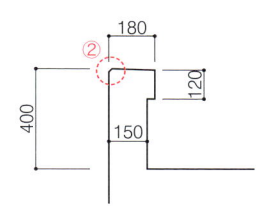

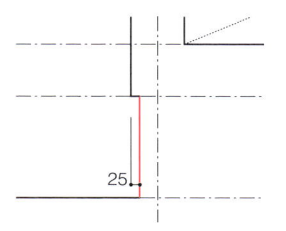

c. 玄関庇
　①高さ 300mm、奥行き 1,500mm の庇を描く。

> 🔍 **POINT**
> レイヤ「見え掛かり線」で描くこと。

d. ベランダ
　①右図に倣ってベランダを描く。

　②床面の傾斜は 1.5 とする。

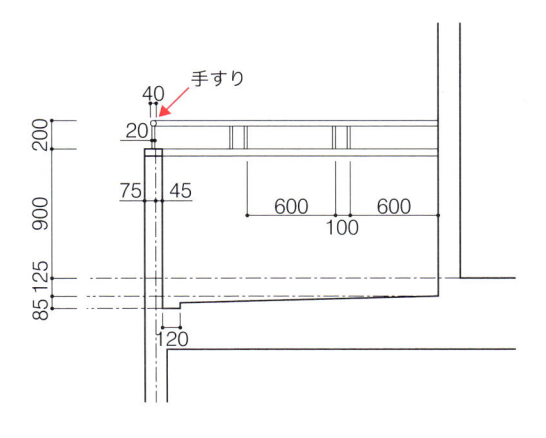

01-6　建具の作図

①建具の配置位置を基準線で記す。

②建具挿入部分の壁を消去する。

③建具を挿入する。[作図(D)] → [建具断面(K)]
を選択し、適切な建具を挿入する。

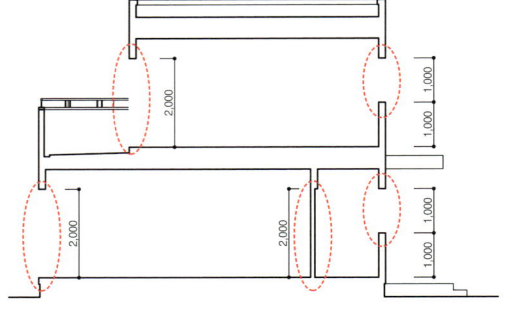

> **POINT**
> ◆建具の挿入方法は平面図と同様。
> 　＊p.84 [建具の作図] を参照
>
> ◆建具の設定値
> 　見込　180 または 120
> 　枠幅　上枠：35、下枠：65

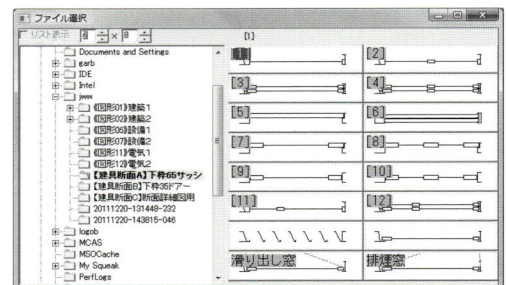

④建具を配置した後、枠幅の見え掛かり線を描く。

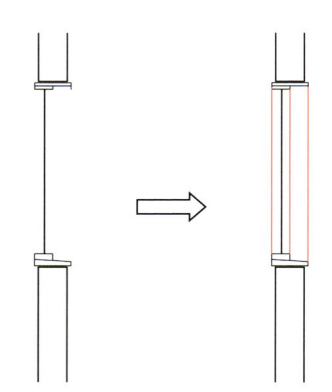

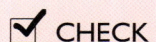

> **CHECK**
> 縮尺 1/100 図面の建具では、平面図と同様に、枠幅を書かないことが多い。その場合の建具は、以下の図形のように線ツールを用いて描くこと。
> 　＊p.14 [建具表示記号] を参照

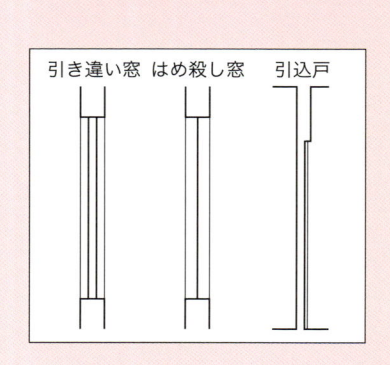

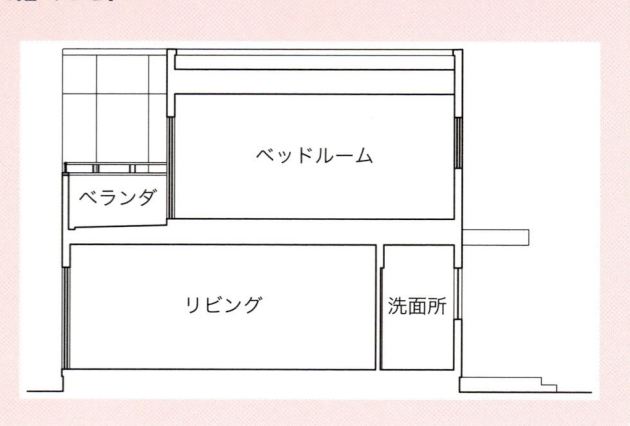

⑤天井高の寸法および室名を加えて完成。

> **POINT**
> 天井高の寸法は、指定［―］を用いる。寸法が表示されたら文字コマンドを用い、頭に「CH」を追加入力する。

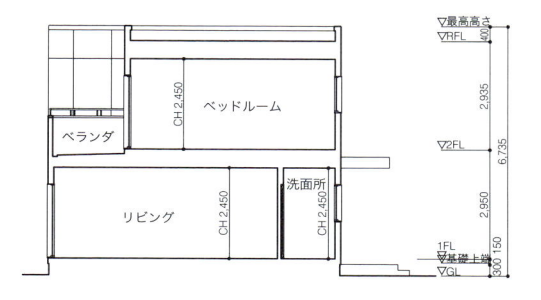

02 ▶ 練習問題　X-X'断面図の作成

X-X'断面図を完成させなさい。

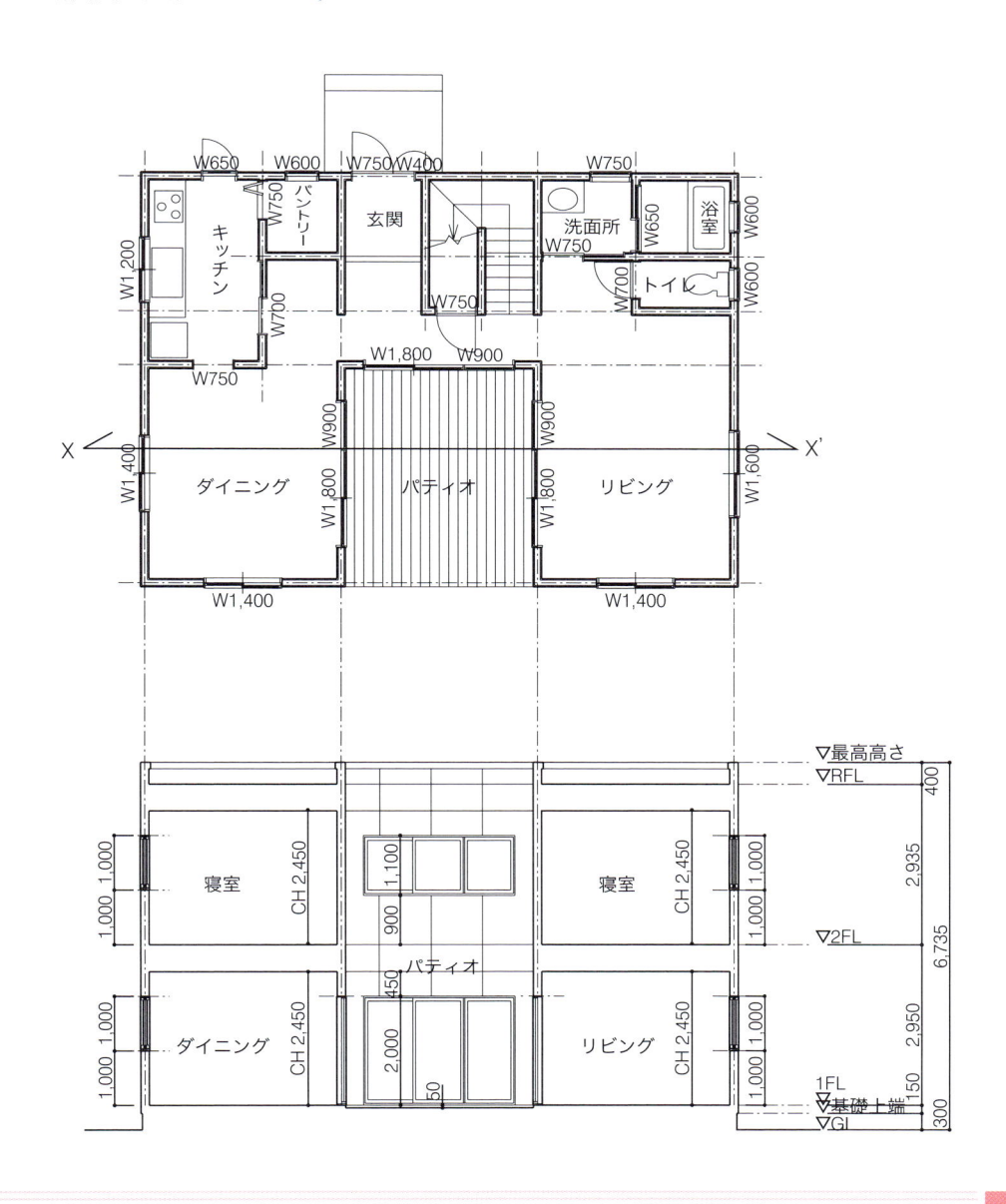

5 立面図を描く

4で作成した「コートハウス」の断面図をもとに、立面図を作図する。平面図で描いた建具などの線を利用しながら立面図を作図する。

01 ▶ コートハウスの東側立面図を作成する

01-1 準備：断面図を開く

① 新規に東側立面図のレイヤグループ［7］を作成し、書込みレイヤグループとする。

② ［5］レイヤグループに作成した Y-Y' 断面図のみを表示させ、その他のレイヤグループは非表示にする。

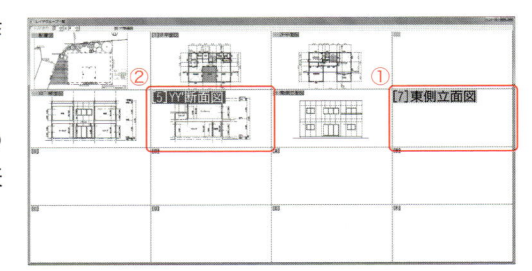

③ 東側立面図レイヤグループのレイヤ一覧に名前を付ける。
例）(0)基準線　(1)外形線
　　(3)見え掛かり・目地　(4)建具　(5)設備
　　(9)補助線　(A)寸法線　(B)図名　(C)GL

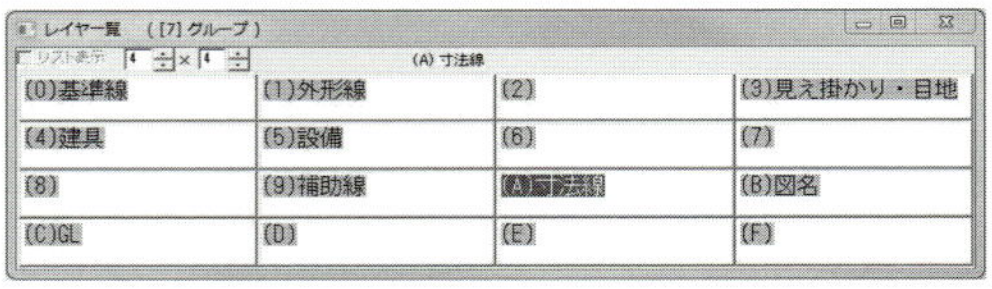

> ✓ **CHECK**
> 必要なレイヤグループのみ表示させる。

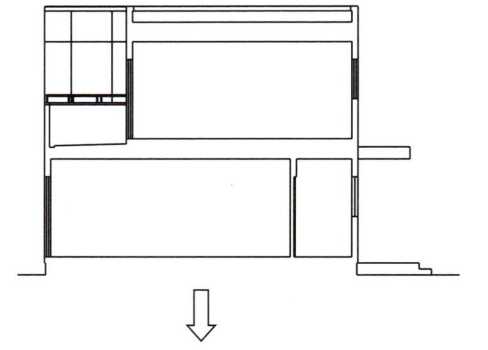

01-2 外形線を描く

① 外壁、階段、庇の外側の線（アウトライン）を、立面図の外形線として、なぞりながら描く。

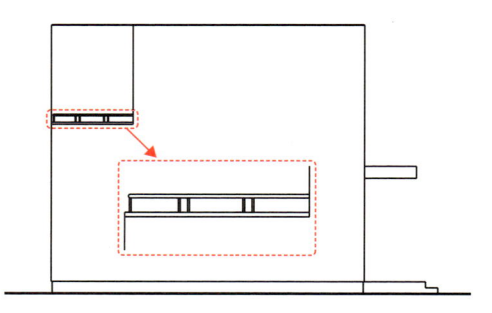

01-3 笠木線・目地線を描く

① 右図にならって笠木と目地の線を描く。

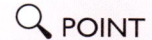

🔍 POINT
笠木と目地の線は見え掛かりレイヤ（3）に入れる。

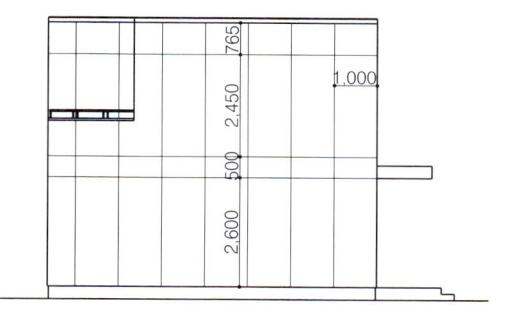

01-4 建具・換気口を描く

① 配置位置は平面図の建具線を下ろして、基準線を引きながら決定する。高さ寸法は、右図に従うこと。

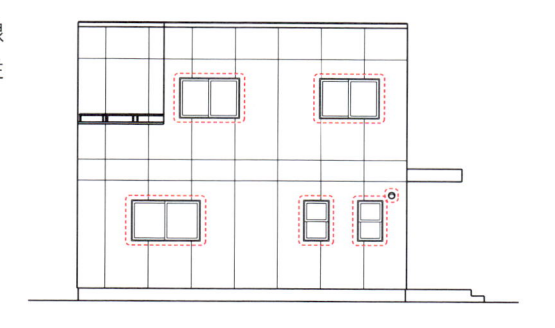

✓ CHECK
2F 建具は、2F の平面図から基準線を下ろす。

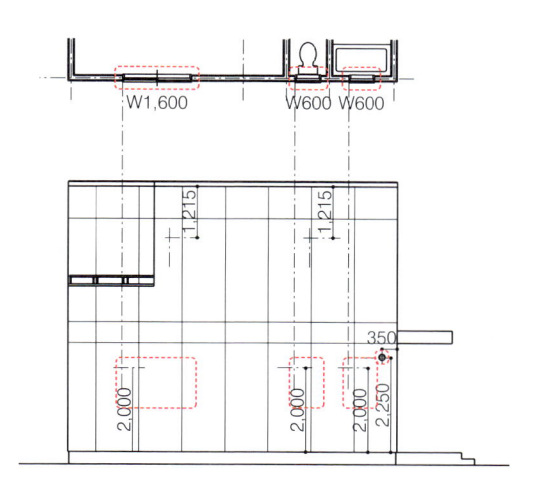

01-5　引き違い窓の描き方

① 建具平面図より枠線、障子の桟の線を下方に延長させる。

② 開口部の高さの線を引き、長方形の枠を作成する。

③ サッシ枠 25 を複線の連続線選択で開口部の内側に描く。
　＊ p.27［複線 POINT］を参照

④ 障子枠の上枠幅 35、下枠幅 60 を更に内側に描く。

⑤ 線を整理して、障子を仕上げる。

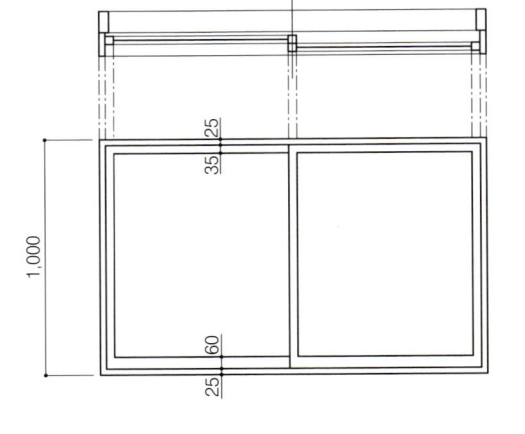

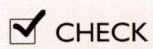

> ☑ CHECK
> 障子の前後関係に気をつけること。

01-6　上げ下げ窓の描き方

① 引き違い窓の①から④の手順で作成する。

② 中心線ツールで上下の中心線を引く。
　＊ p.25［中心線］を参照

③ ②の上下に 17.5 の幅で線を引く。

④ 線を整理して、障子を仕上げる。

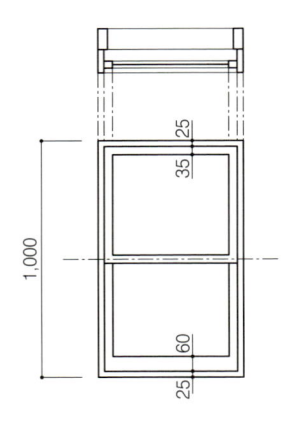

01-7 換気口の描き方

① 基準線の交点を中心に半径 82 と半径 63 の円を描く。
  ＊ p.29 ［円（指定寸法・配置）］を参照

② 基準線から上に 30 の位置に線を引く。

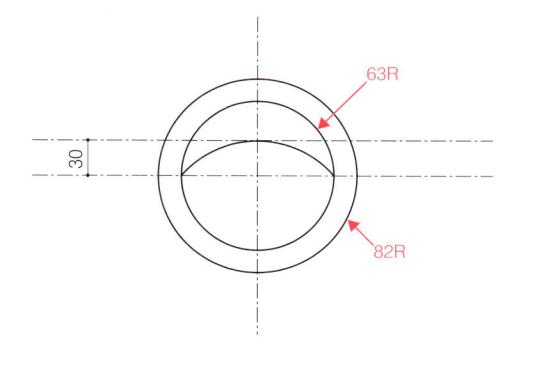

③ 円ツールの円弧の 3 点指示で、基準線と半径 63 の円との交点を 🖱 し、②と基準線の交点を 🖱 する。
  ＊ p.29 ［円弧（指定点）］を参照

---

02 ▶ 南側立面図を作成する

南側立面図を完成させなさい。

> 🔍 **POINT**
> X–X'断面図を利用して作成する。

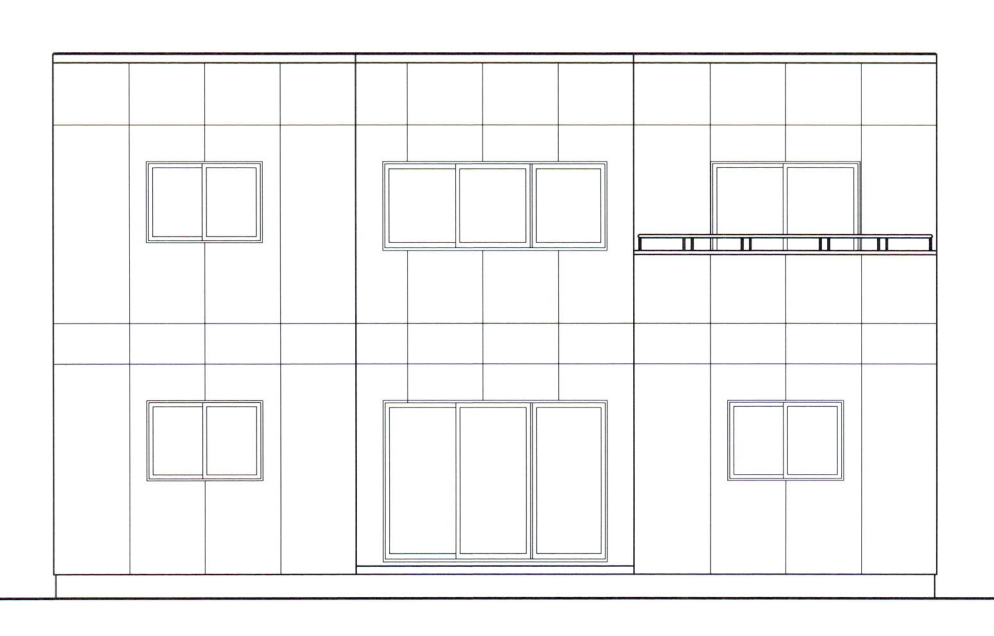

03 ▶ 勾配屋根を作成する

建築 CAD 検定対応

03-1　妻側屋根（東側立面図）を描く

参照図面1：屋根伏図

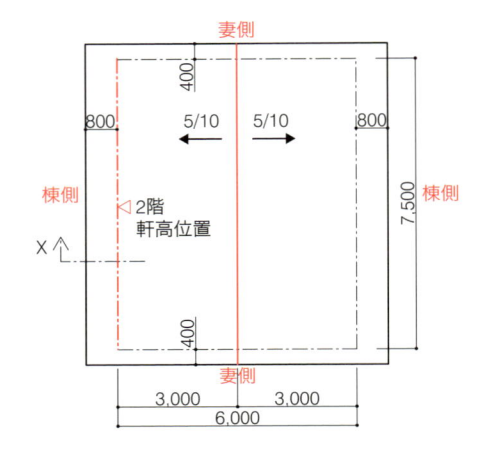

参照図面2：X断面図

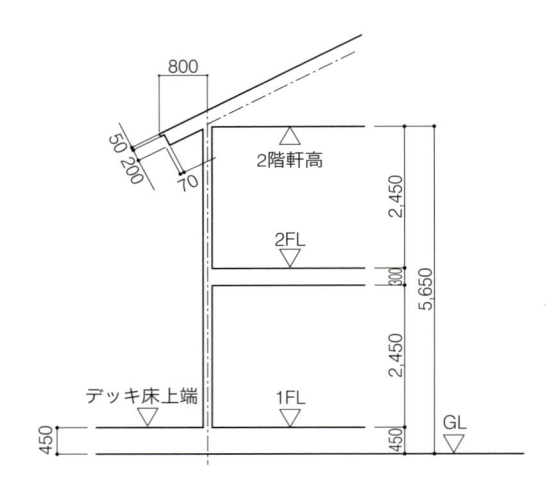

① 屋根伏図をもとに東側立面図に必要な壁の基準線を描く。

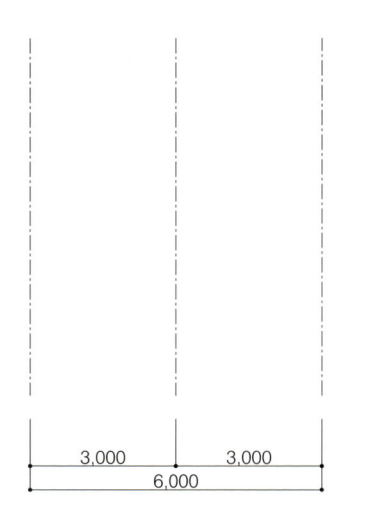

②X 断面図をもとに以下の高さ基準線を描く。
- GL ：± 0
- 1FL ：＋ 450
- 1 階軒高：＋ 2,450
- 2FL ：＋ 300
- 2 階軒高：＋ 2,450

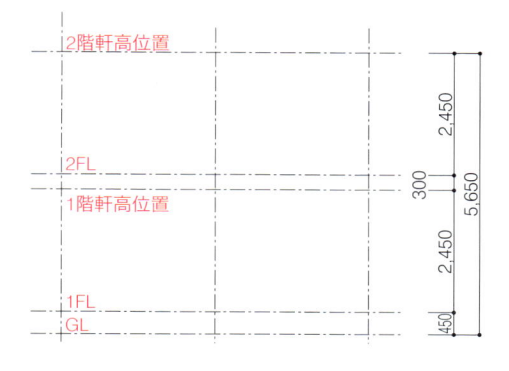

③南側の 2 階軒高と壁の基準線が交わる位置で、5/10 の勾配線を 1 本描く。

POINT
◆屋根やスロープ等の勾配の表し方
- 屋根伏図では「垂直距離」/「水平距離」で表す。
（例えば 5/10 や、5.5/10 などがある）
- 断面図では「水平距離」を 10 として、以下の記号を用いて表す。

5/10 の傾斜を描く際は、傾きボックスに「//0.5」を入力すること。

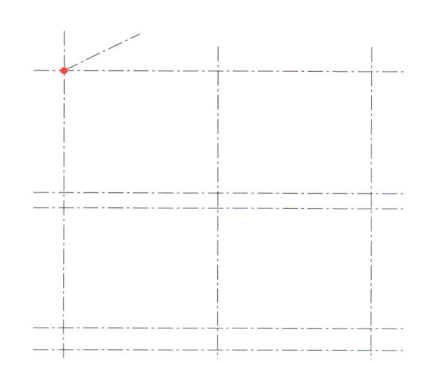

④破風および屋根瓦の線を複線で描く。

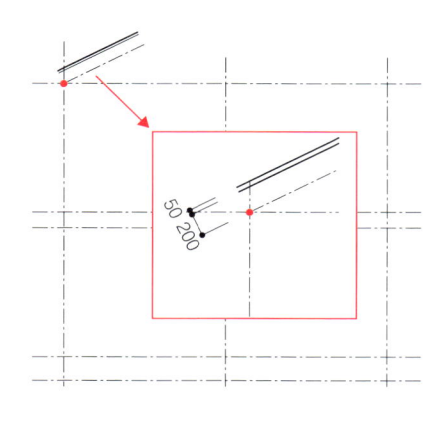

⑤軒の出の線を複線 800 で描く。

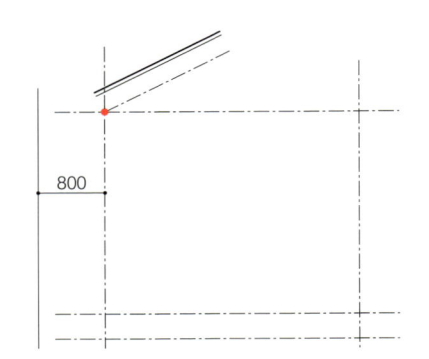

⑥軒の出の線まで、屋根の線を一括伸縮する。

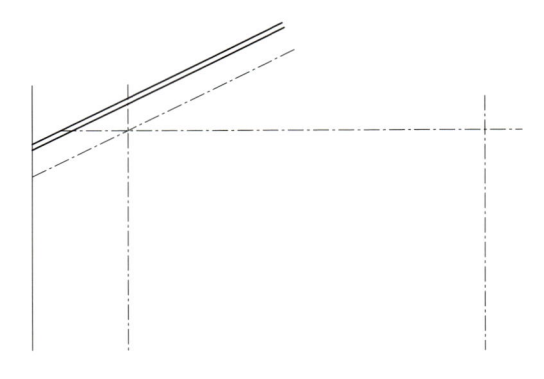

⑦軒先の形を描く（1）：
　軒先の位置から、屋根の傾きの鉛直線を描く。
　＊ p.19［鉛直線］を参照

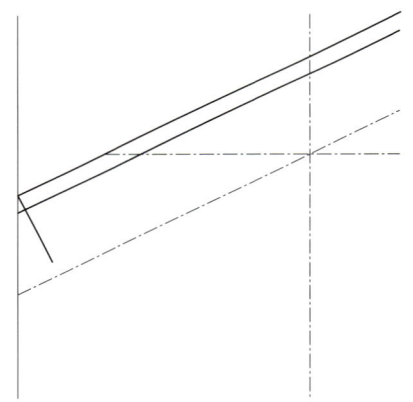

⑧軒先の形を描く（2）：
　軒先から複線 70 で鼻隠しの線を描く。

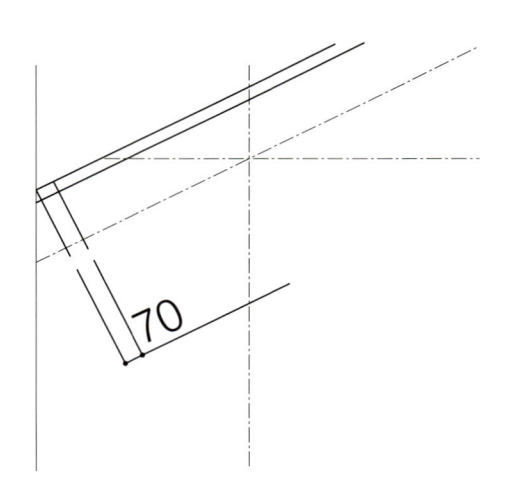

⑨軒先の形を描く（3）：
　⑦と⑧の線を整えて完成。

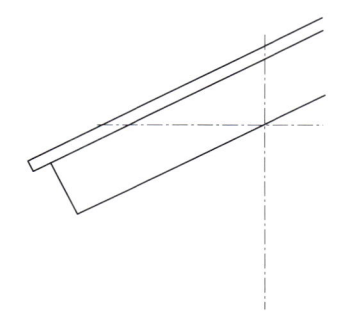

⑩北側2階軒高に、⑨の軒先を反転複写する。

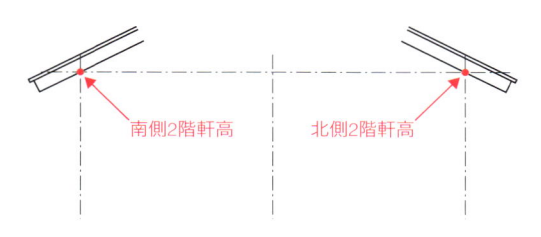

南側2階軒高　　　北側2階軒高

⑪屋根の線を整え、外壁と GL を描いて完成。

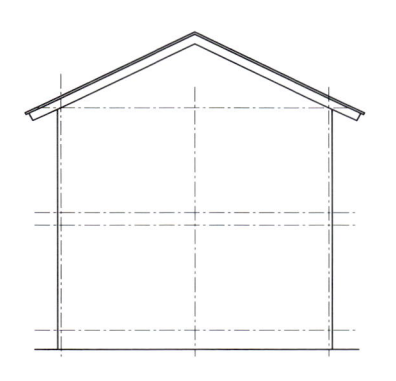

03-2　棟側屋根（南側立面図）を描く

①屋根伏図をもとに南側立面図に必要な壁の基準線を描く。

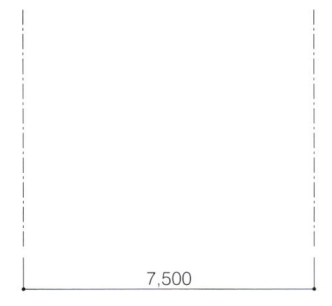

7,500

②X 断面図をもとに高さ基準線を描く。

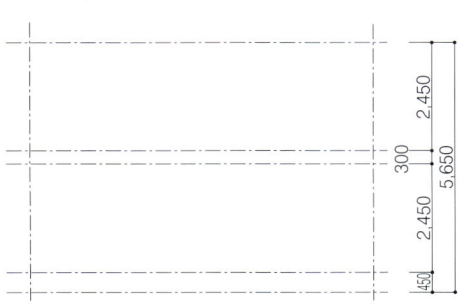

2,450
300
2,450
450
5,650

③〈03-1 妻側屋根〉の③〜⑩を、補助線で描く。

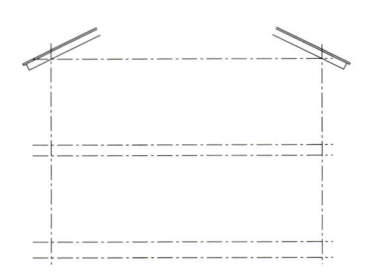

④屋根瓦および鼻隠しの線をつなぐ。

⑤屋根伏図の寸法を参照し、軒高位置から最高高さ位置までの水平距離 3,000 を複線する。

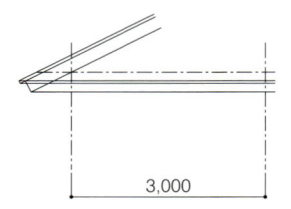

⑥屋根瓦の線を⑤まで伸ばす。この交点が最高高さとなる。

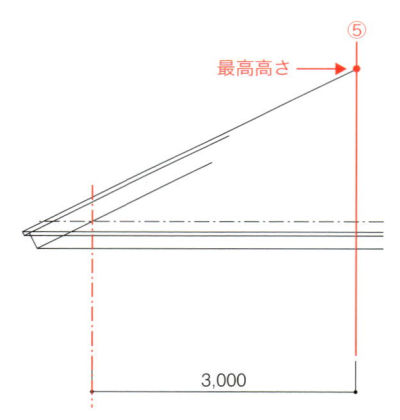

⑦最高高さの線を描く。

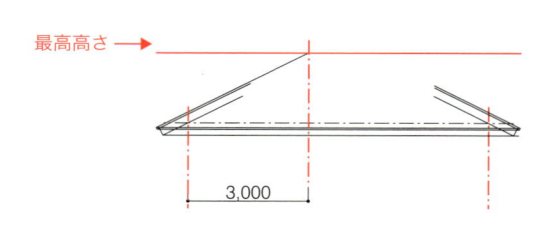

🔍 POINT

勾配屋根における最高高さの位置は、参照図面1の屋根伏図（右図）から読み取ることができる。

屋根勾配の傾き（矢印）を見ると、屋根伏図中央の赤色実線部分が最高高さ位置であることがわかる。

　一点鎖線 ─・─・─ ：2階軒高位置
　実線　　 ─────：最高高さ位置

一点鎖線と実線間の寸法は3,000であることから、⑥で示すように、「屋根瓦の傾斜線」と「最高高さ位置（2階軒高から3,000の位置）」の交点が最高高さとなる。

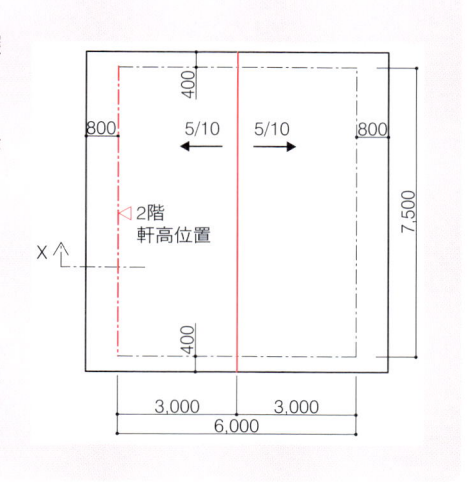

⑧屋根瓦の線を整える。

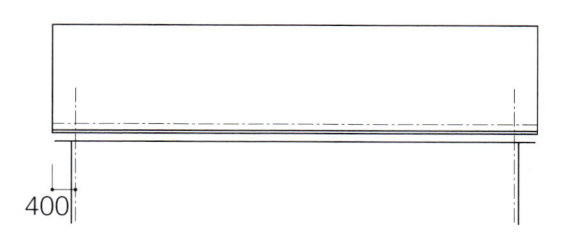

⑨鼻隠しの線を両端から50控えて整える。

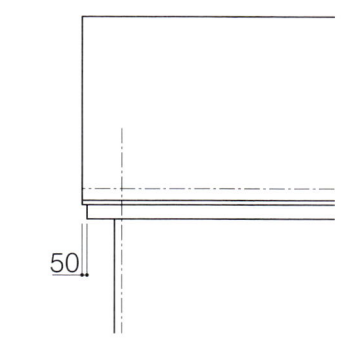

⑩外壁とGL、および屋根瓦をハッチ（1線・角度0・ピッチ1）で描いて完成。

✓ CHECK

屋根瓦のハッチは、
　1/100図面の場合「ピッチ0.5」
　1/ 50図面の場合「ピッチ1」
とすること。

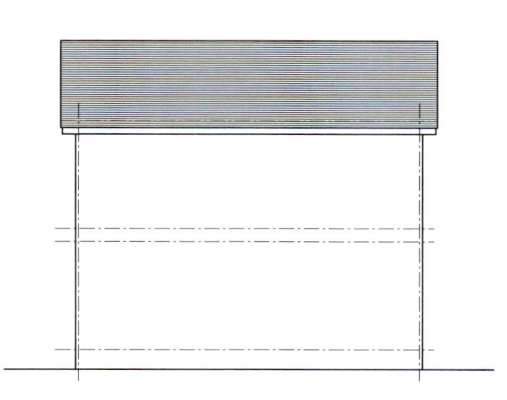

6　配置図を描く

3で作成した「コートハウス」の配置図を作成する。JW_CADにあらかじめ登録されている図形を活用しながら配置図を描く。

01-1　隣地・道路境界線を引く

① メニューバーの［その他(A)］より、［座標ファイル(F)］を選ぶ。

② ［新規ファイル］を選ぶ。

③ メモ帳 ダイアログボックスに、境界線の座標「X Y」を入力する。

> ☑ CHECK
> 「X＝2,706、Y＝7,889」の場合、「2706 7889」と入力する。単位はmm。XとYの値の間には半角スペースを入れること。

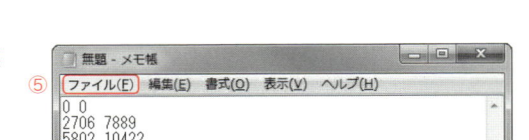

④ 境界線のすべての座標を入力し、最後にスタート時の「0 0」を入力する。

> ☑ CHECK
> 座標ごとに改行を行うこと。

⑤ メニューバーの［ファイル(F)］より［名前を付けて保存(A)］を選択して適当な名前を付けて保存、メモ帳を閉じる。

⑥ ［ファイル名設定］を選択し、保存したファイルを開き、［ファイル読込］を選択すると、境界線が形成される。

⑦平面図を確認しながら適切な位置に配置する。

> 🔍 **POINT**
> カーソルは原点（0,0）にあるので、スナップして配置することができる。

⑧境界線の角すべてに、半径100mmの円を描く。

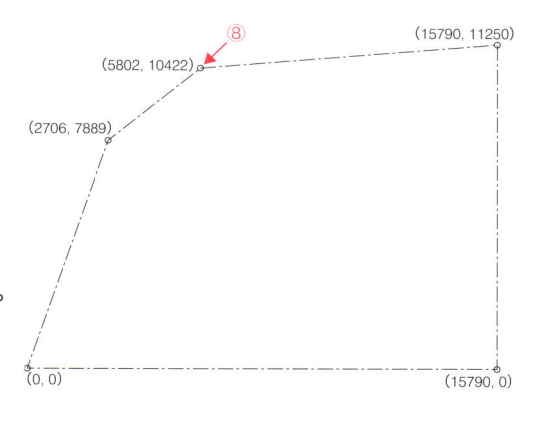

01-2　道路幅員線を引く

①座標ファイルを用いて西側道路を描く。

> ✓ **CHECK**
> カーソルは原点（0,0）にあるので、スナップして配置することができる。

②北側道路（幅員4.18m）を、複線により描く。

③道路境界線寸法、敷地境界線寸法、道路幅員を書き込む。

＊p.65［線に沿わせて配置する］を参照

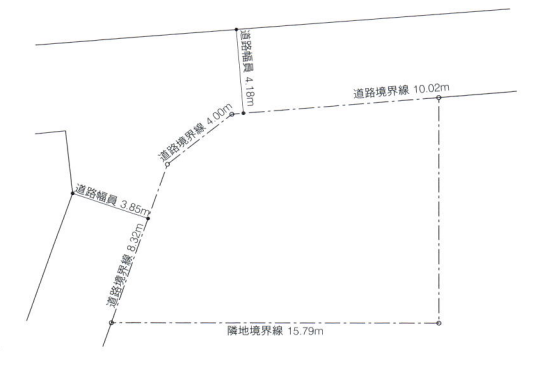

01-3　建物の外形線を引く

①1、2階平面図のレイヤを表示する。

②外壁面の線を点線でなぞる。

> 🔍 **POINT**
> 庇は建物と分けて表記すること。建物の外形線は、建具の枠幅を含めなくてもよい。

③建物のセットバック寸法を書き込む。

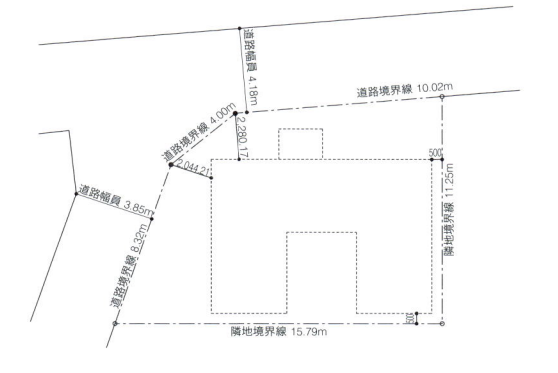

01-4　方位の作図

① 補助線（補助線色、補助線種）で方位の向きに合わせて直線を引く。

② メニューバーの［その他(A)］→［線記号変形(S)］を🖱する。

③「ファイル選択」より必要な図形を選んで🖱🖱する。

④ ①の線上で🖱し、カーソルを動かして方向を決定し、再び🖱で配置する。

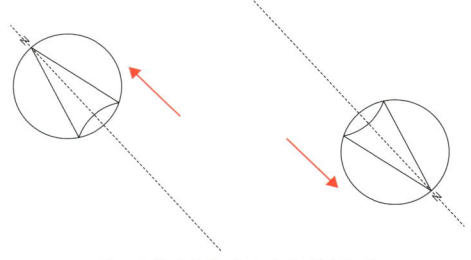

線の中心を超えると方向が変わる

01-5　植栽、車の配置

a. 植栽

① メニューバーの［その他(A)］→［図形(Z)］を🖱し、《図形01》建築1を表示させる。

②「ファイル選択」より必要な図形を選んで🖱🖱し、配置していく。

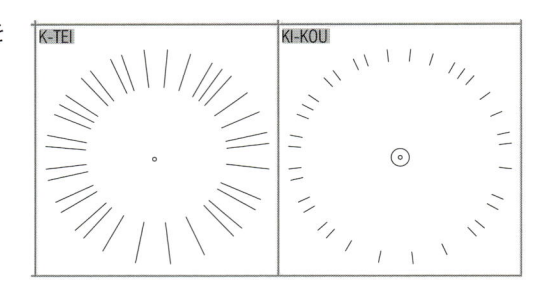

> 🔍 **POINT**
> 倍率の調整で拡大縮小することができる。

③ その他の植栽を、手書線で自作する。

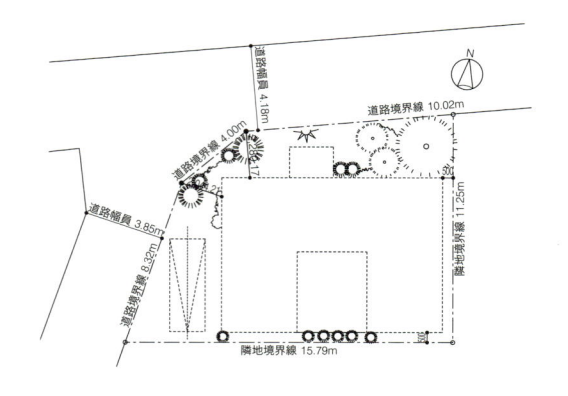

b. 車・駐車場
　①駐車スペースにハッチを用い、ペーブメントを描く。

　②車を標準サイズで配置する。
　＊p.55［駐車スペース］を参照

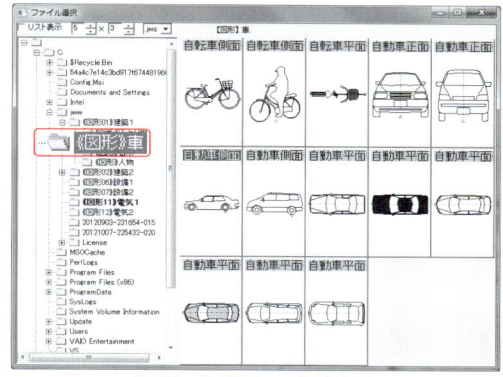

《図形 01》建築 1　【図形】車

c. 人物・その他
　①塀や入口付近のアプローチなど、デザインを工夫して描く。

☑ CHECK
JWW フォルダの下に図形データが分類されて収められている。《図形 01》〜《図形 12》

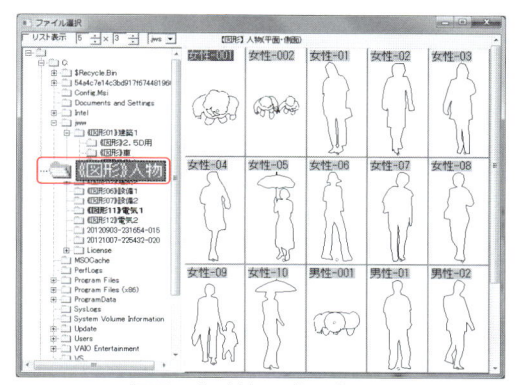

《図形 01》建築 1　【図形】人物

01-6　手書線

①作図ツールバーから[連線]を選ぶ。

②[手書線]にチェック☑を入れる。

③🖱で線が始まり、再度🖱で終了する。

☑ CHECK
　◆植栽を描くときに活用することができる。
　◆範囲を選択し、属性変更から曲線属性に変更すると、1つの図形として認識される。

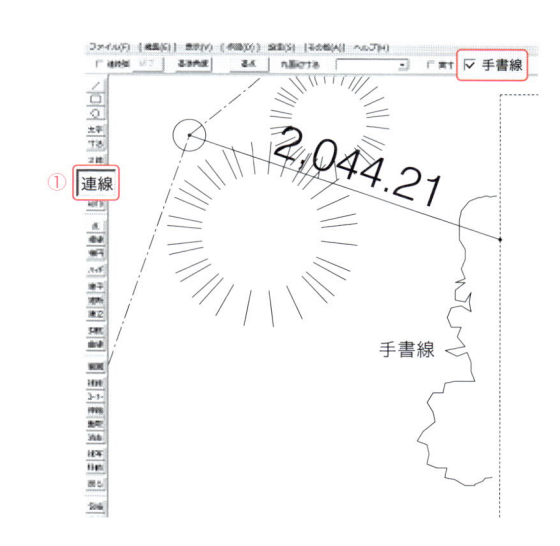

01-7　出入口の記号を記入する

①作図ツールバーから 多角形 を選ぶ。

②角数を3とし、寸法を調整し、適当な大きさの三角形を用意する。

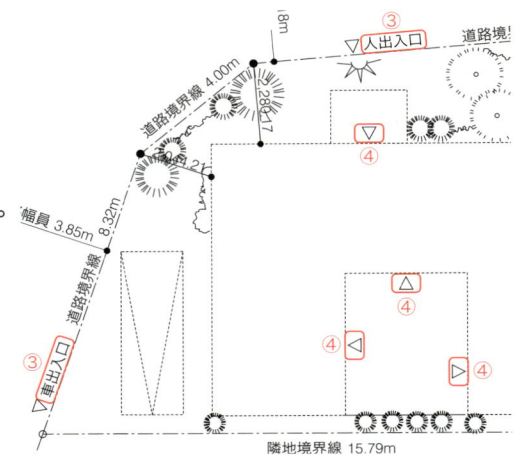

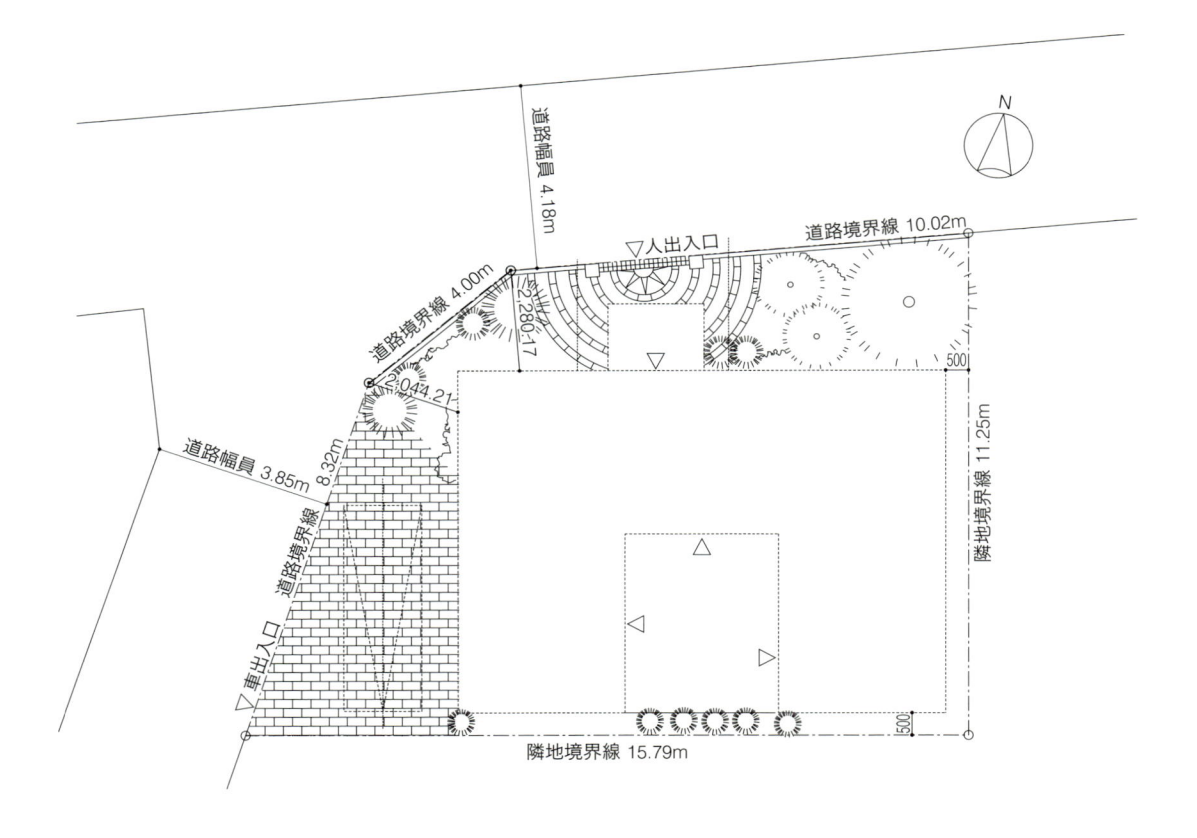

③敷地に対して、人出入口、車出入口を指し示す。

④建物に対して出入口を指し示す。

7 室内パースを描く

JW_CADでは、3Dとは異なるが2.5Dツールを用いて「透視図」「鳥瞰図」「アイソメ図」を作成することができる。それらを組み合わせながら、「コートハウス」の室内パースの作図方法を学ぶ。

01 ▶ アイソメ図の作成

01-1 円・矩形を立体図形にする

適当な寸法で円や矩形を描く。

① メニューバーの［その他(A)］より、［2.5D(D)］を選ぶ。

② 高さ・奥行き入力ボックスに、「上端の高さ, 下端の高さ」を入力。

> ☑ **CHECK**
> ここでは高さ4mの立体図形にするため「4, 0」と入力する。

③ 角に近い4辺すべてを 🖱 して、高さを定義する。

④ アイソメ を 🖱 すると、立体表示に変わる。

⑤ 視点を変えることができる。
　 左 右 上 下 を 🖱 すると、移動間隔に設定されている数値分ずつ画面が回転する。

> 🔍 **POINT**
> アイソメ図とは焦点をもたない等角投影図のこと。焦点をもつ透視図とは異なる。

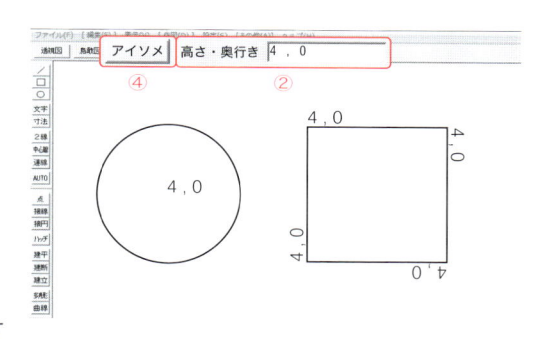

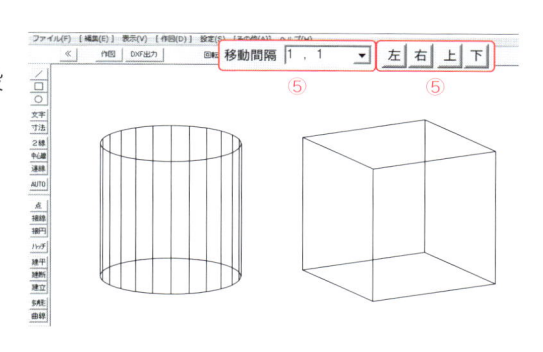

01-2　高さの異なる立体図の作成

隣合わせになるように2つの矩形を描く。

> ✓ **CHECK**
> 矩形はレイヤを変えて描くこと。レイヤを分けないと、共有する線分の高さ情報が、後から指定した情報に変更されてしまう。

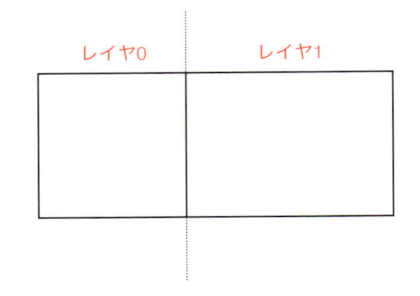

① メニューバーの［その他(A)］より、［2.5D(D)］を選ぶ。

> 🔍 **POINT**
> ここでは高さ5mと3mを定義。

② 高さ・奥行き入力ボックスに、「上端の高さ，下端の高さ」を入力。

③ [アイソメ] を 🖱 し、立体図形にする。

④ 左・右・上・下に移動を行いアングルを決める。

⑤ 何も書き込まれていないレイヤを書込みにし、[作図] を選ぶ。

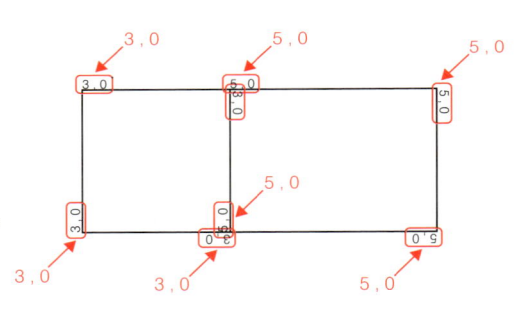

> ✓ **CHECK**
> アイソメ図と元の図形が同時に表示される。（右図のように重なって表示されることもある）

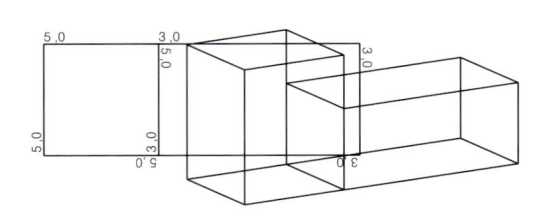

⑥アイソメ図を作図したレイヤのみ表示する。

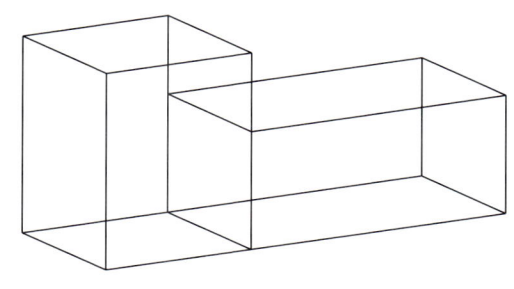

⑦陰線処理をして図形を完成させる。

POINT
奥の見えない線（陰線）を消去で整えて、立体図を完成させる。

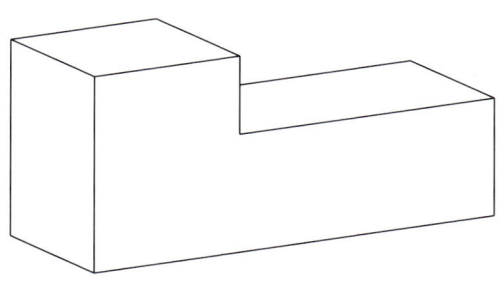

02 ▶ 練習問題（イス）

右図のようにイスを作成しなさい。
- サイズ：A4
- 縮　尺：1/20

高さ（1.3, 0.5）
高さ（0.7, 0.5）
高さ（0.5, 0）

03 ▶ 透視図の作成

あらかじめ作成された展開図から、透視図を描いてみよう。このとき、4面すべての図を異なるレイヤに描く必要がある。

03-1　展開図を立ち上げる

① 展開図1を書込みレイヤにする。

② 展開図1が起き上がる位置で、平面図（床面）に「線色5・補助線種」の線を描く。

③ 2.5Dを選択し、透視図を🖱する。②で展開図1が指定した床の上に立ち上がる。

④ 展開図2、3、4とも同じ方法で作業を行う。

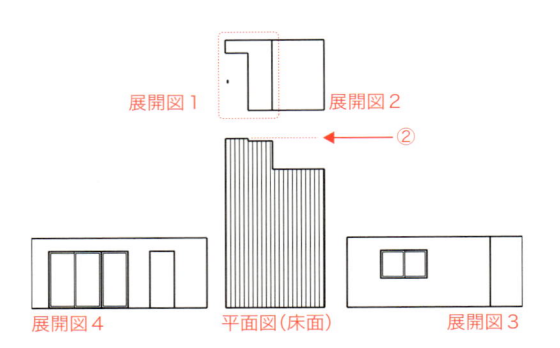

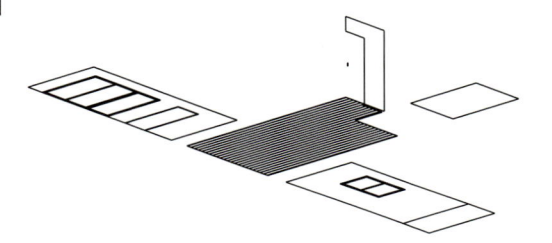

> ☑ **CHECK**
> 展開図3、展開図4は、各々矢印の通りに反時計回りで立ち上がるので注意。線を消去で整えて、立方体を完成させる。

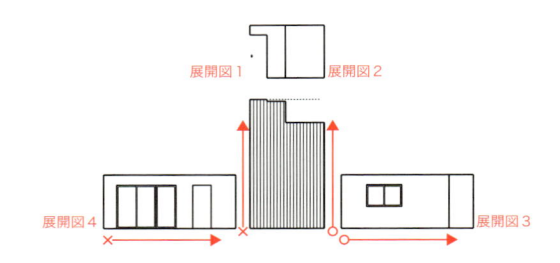

⑤ 透視図を🖱し、立体にして確認する。

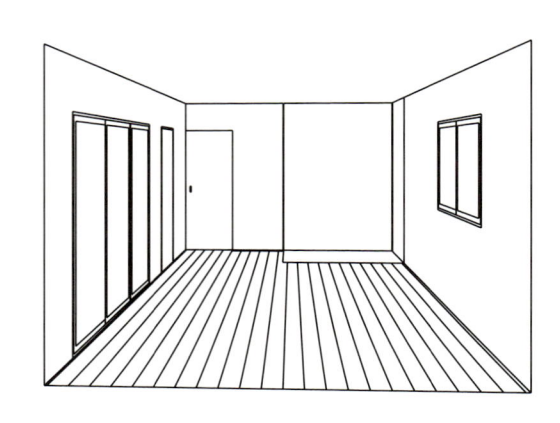

03-2　壁面の凹凸を表現する

① 展開図1の洗面所の壁面に、奥行き0.09m（立ち上がり位置を0として、手前に0.09m）を定義し、図形に指定する。

② 展開図2のトイレの壁面に、奥行き1.09mを定義し、図形に指定する。

③ 透視図を指定し立体図形にすると、室内側に壁面の凹凸が形成される。

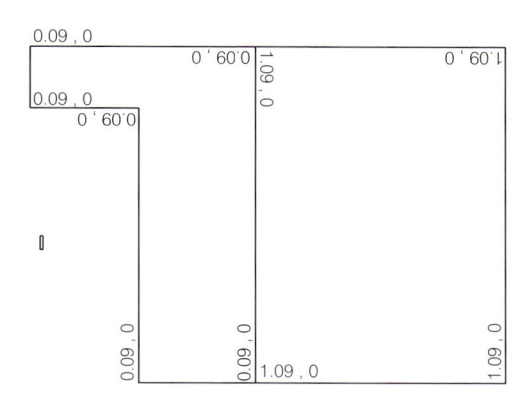

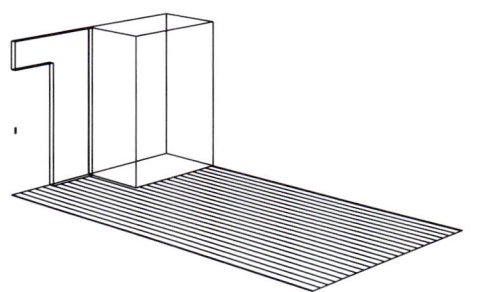

03-3　室内に家具を作成する

レイヤ0：平面図（床面）に、ソファーとローテーブルを配置してみよう。

POINT
縮尺1/20に変更することで、高さの表記数値が小さくなり、作業がしやすくなる。

CHECK
同じレイヤ内での作業になるため、線分が重ならないよう注意すること。

a. ローテーブル

① 矩形、円弧を用いて形を整える。
　　天板：750mm＊380mmの左右に半径190mm
　　　　　の半円
　　脚　：40mm＊300mm

② 高さ・奥行き入力ボックスを定義し、図形に指定する。
　　天板：（0.42，0.4）　　＊単位はメートル
　　脚　：（0.4，0）

③ アイソメを指定し、立体図形において形を確認する。

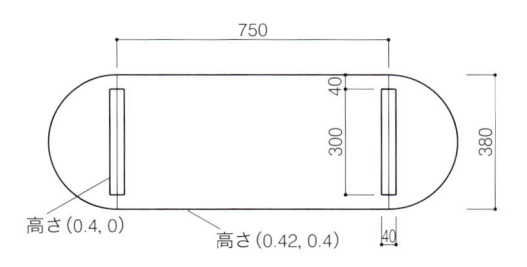

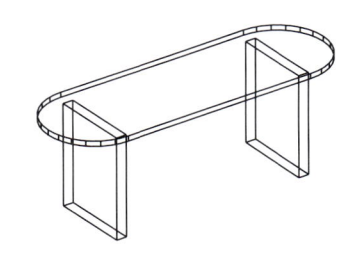

b．ソファー（一人掛け）

①矩形を用いて形を整える。

座面　　　：740mm＊590mm

肘掛　　　：110mm＊640mm

背もたれ：840mm＊100mm

②高さ・奥行き入力ボックスを定義し、図形に指定する。

座面　　　：（0.45，0）　　＊単位はメートル

肘掛　　　：（0.8，0）

背もたれ：（1，0）

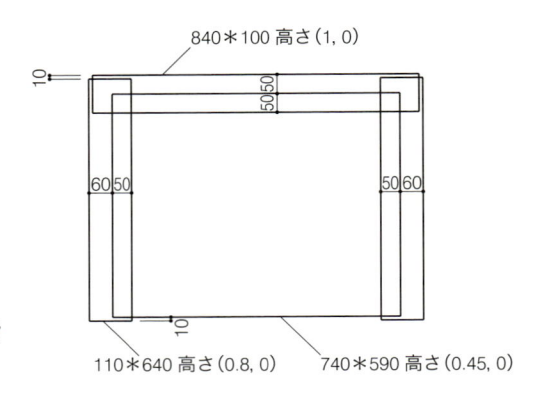

③アイソメを指定し、立体図形において形を確認する。

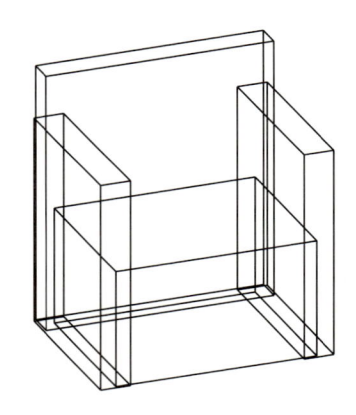

04 ▶ 透視図の着色

04-1　透視図の確認

　展開図1、展開図2における奥行き・高さの定義、平面図（床面）における家具の配置調整の後、全展開図を立ち上げてみよう。

① 透視図を選択し、すべての2.5Dデータを立ち上げる。

② アングルを決定して、何も書き込まれてないレイヤを書込みにし、作図する。

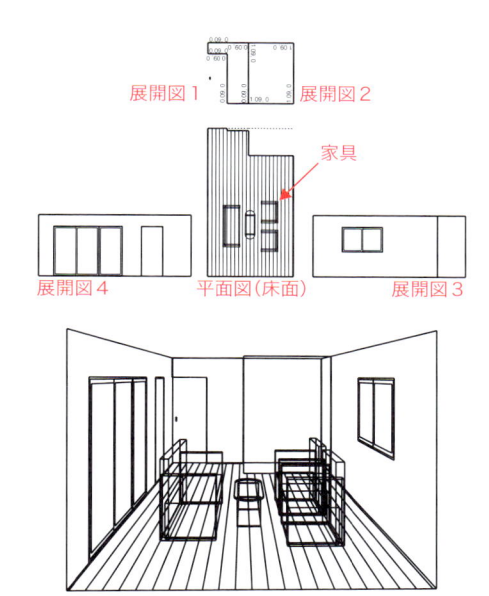

04-2　図面の着色

🔍 POINT
◆ ［設定(S)］より［基本設定(S)］を開き、「画像・ソリッドを最初に描画」「ソリッドを先に描画」にチェック☑を入れておくと、重なる線・文字が前面表示になる。
◆ 消去や伸縮を用い、前もって陰線処理を行うこと。

① メニューバー［作図(D)］より［多角形(T)］を選ぶ。

② ［任意］ボタンを選択し、「ソリッド図形」にチェック☑を入れる。

③ ［任意色］ボタンを🖱し、色を決める。

④ 点をスナップさせながら範囲を指定し、［作図］を選択する。

✓ CHECK
Escキーを押すと1つ前の状態に戻る。

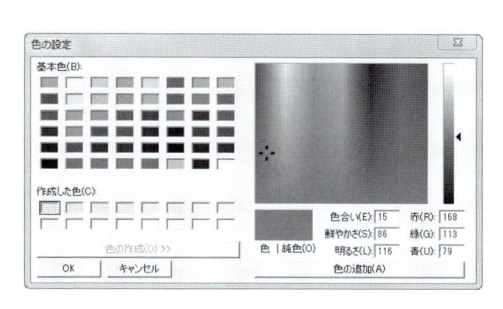

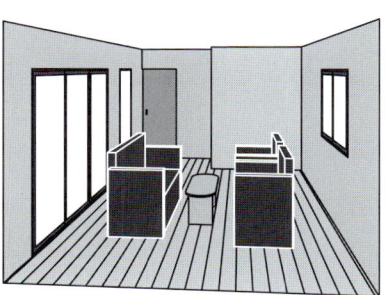

🔍 POINT
◆ 「円・連続線指示」を選択し図形を🖱すると、図形全体を着色できる。
◆ 色は上塗りされるので、壁、建具、家具の順で着色するとよい。

本書使用課題図面の完成図

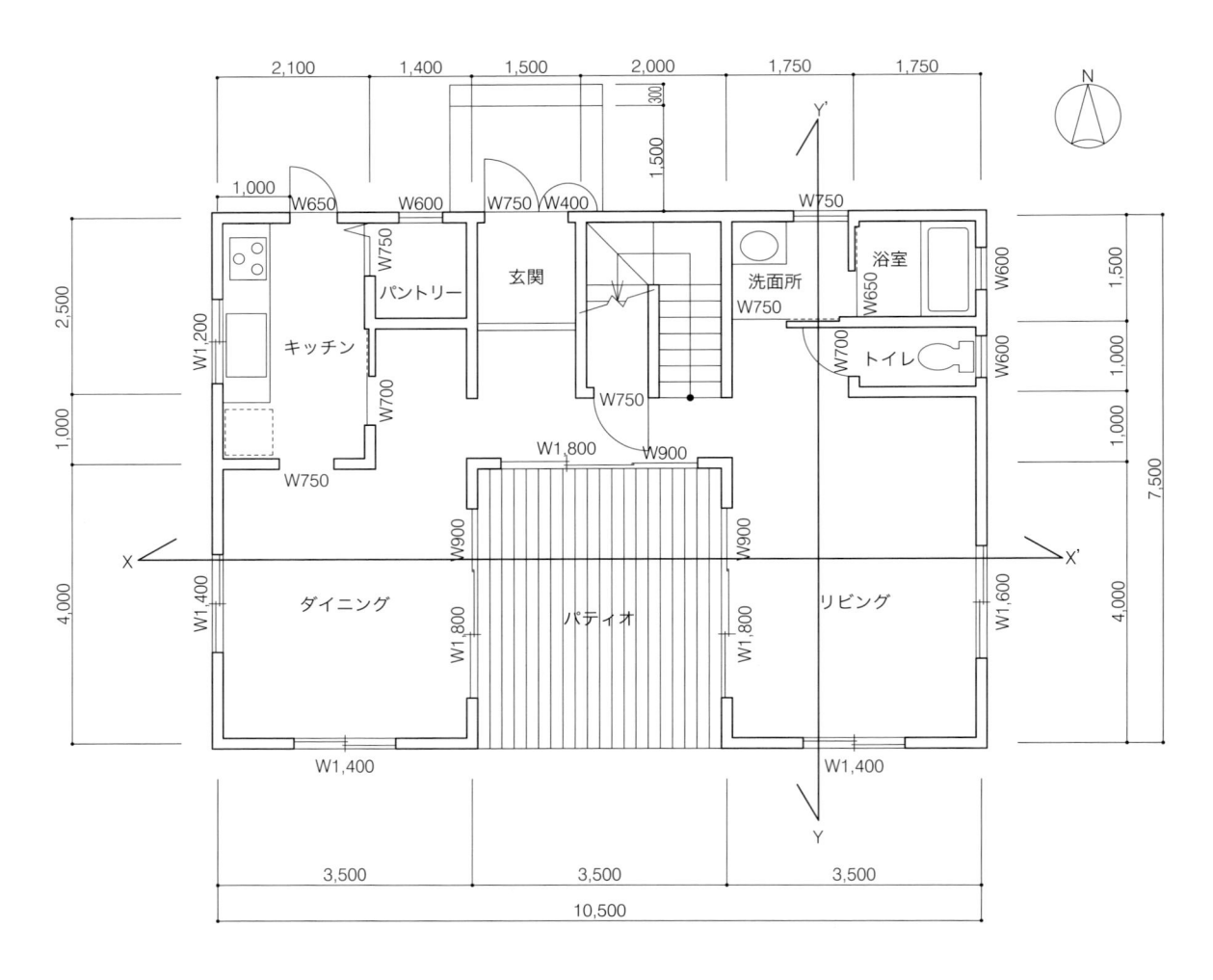

コートハウス　1階平面図（S＝1/100）

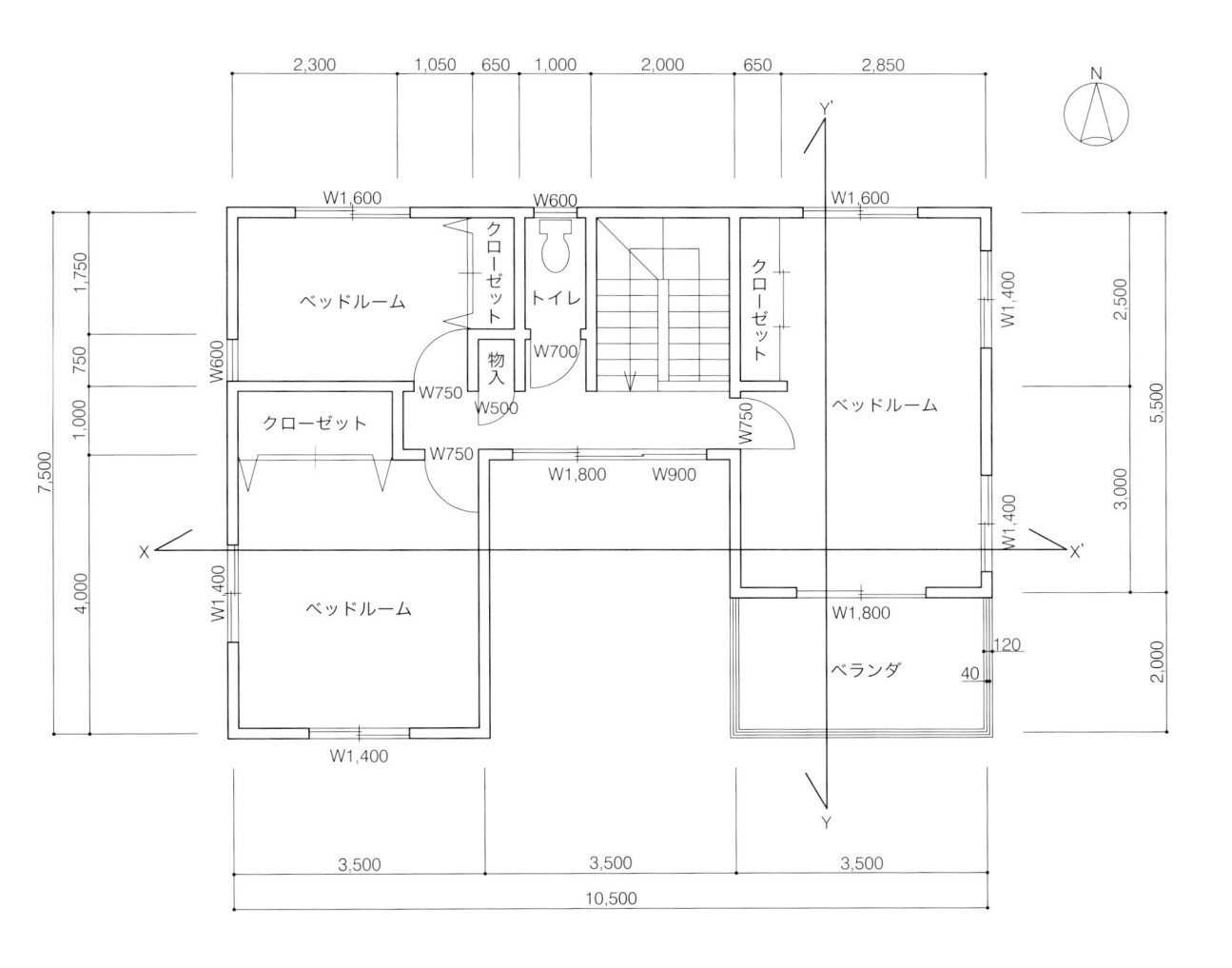

コートハウス　2階平面図（S=1/100）

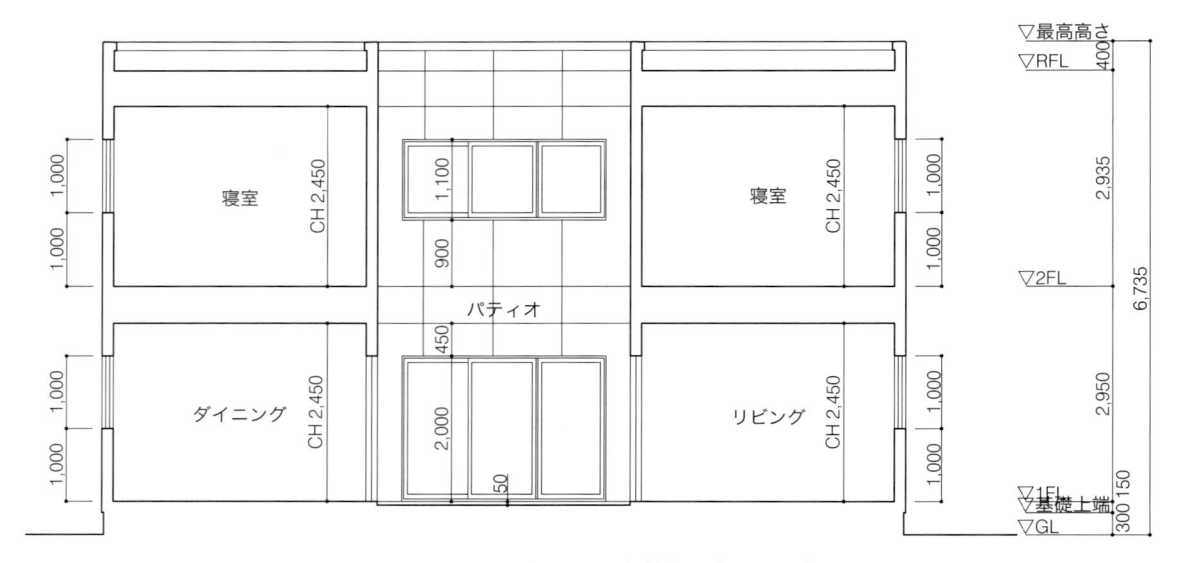

コートハウス　X−X'断面図（S＝1/100）

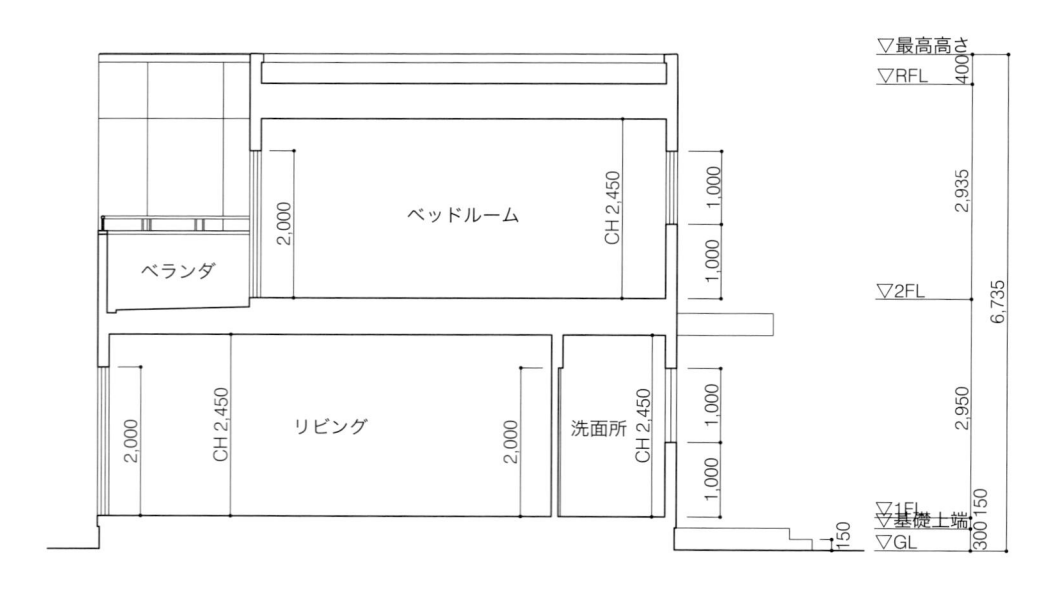

コートハウス　Y−Y'断面図（S＝1/100）

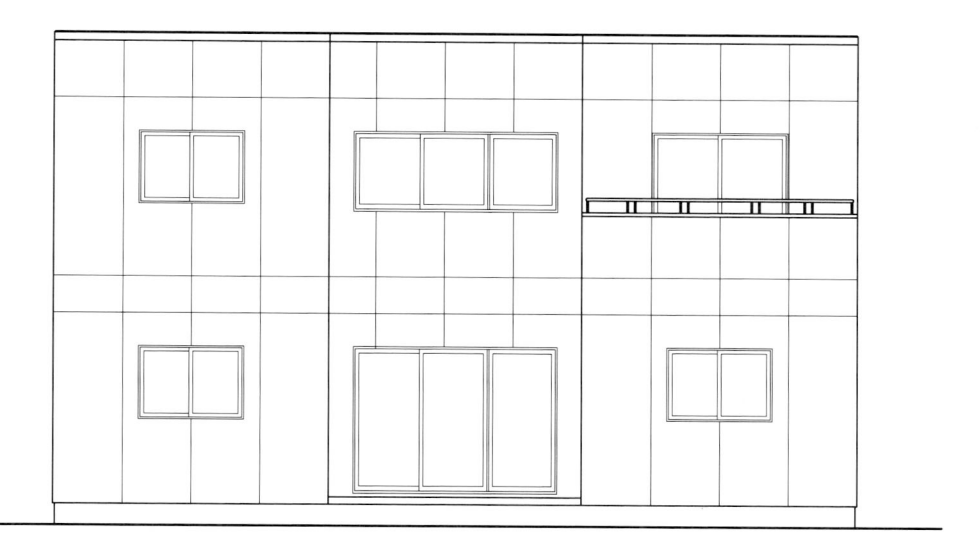

コートハウス　南側立面図（S＝1/100）

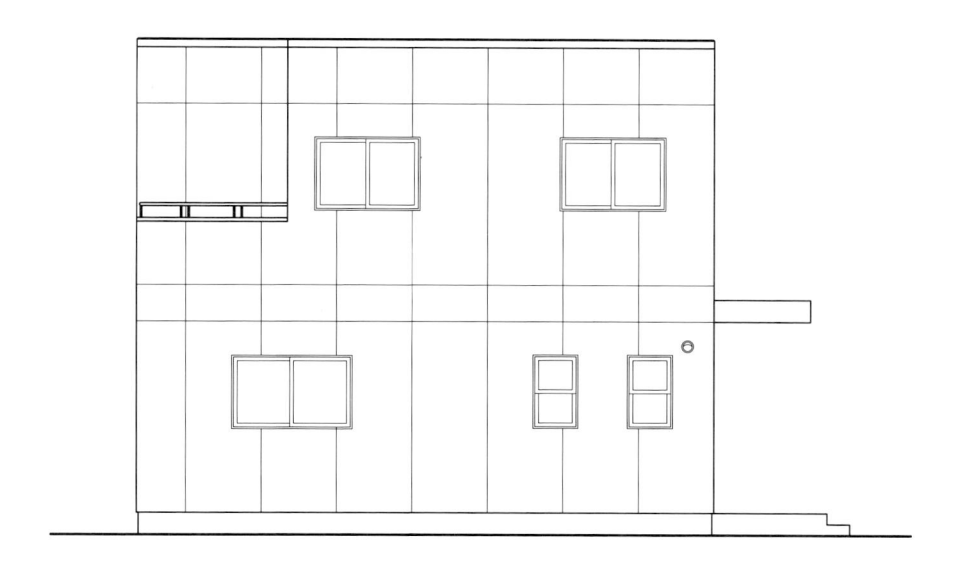

コートハウス　東側立面図（S＝1/100）

コートハウス 配置図 (S=1/100)

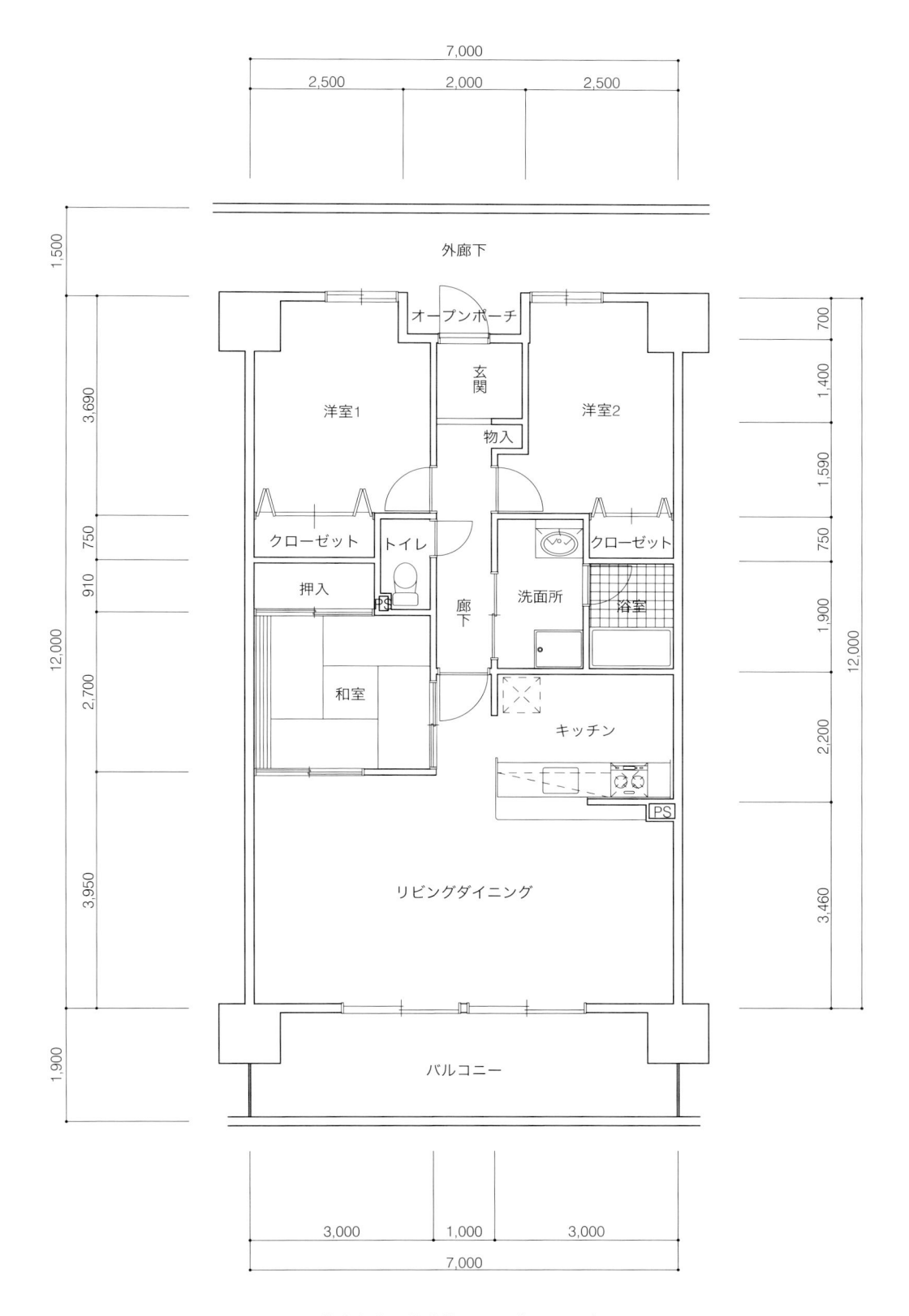

集合住宅　基準階平面図（S＝1/100）

INDEX

ア ▶ アイソメ	127	
上げ下げ窓	95	
上げ下げ窓（立面図）	114	
イ ▶ イス（2.5D）	129	
一括伸縮	34	
一括部分消去	34	
移動	36	
色：線	24	
色：面	133	
印刷	74	
印刷の設定	74	
陰線処理	129	
エ ▶ エレベーター	51	
円	29	
円弧	29	
円柱（2.5D）	127	
鉛直線	19	
オ ▶ 屋外階段	82	
オフセット	63	
折れ戸	98	
カ ▶ 外形線（配置図）	123	
外形線（立面図）	112	
外構計画	124	
開口部	89	
階段 U 字型	56	
家具（2.5D）	131	
拡大	22	
笠木（立面図）	113	
片開き扉	90	
片開き扉（浴室・勝手口）	96	
壁	50, 79	
壁詳細	89	

画面の構成	15	
画面表示の変更	22	
換気口（立面図）	115	
キ ▶ 基準線	49, 78	
基準線（断面図）	106	
基設：基本設定	24	
基礎（断面図）	109	
ク ▶ 矩形	28	
矩形：寸法指定	28	
矩形：配置指定	28	
車	125	
クローゼット	51	
コ ▶ 構造体	50, 89	
構造体（断面図）	107	
コートハウス	103	
コーナー処理	35	
サ ▶ サッシ（立面図）	114	
サッシ：腰窓	92	
サッシ：掃きだし窓	93	
3 枚窓	99	
シ ▶ システムキッチン	33	
室名入力	83	
集合住宅	78	
縮小	22	
消去：線	19	
消去：文字	66	
植栽	124	
食卓	32	
シングルベッド	32	
伸縮	20	
ス ▶ 図形	124	
図形登録	92	

スナップ	21	
図面の着色	133	
図面枠	73	
寸法	68	
寸法線：垂直	68	
寸法線：水平	68	
寸法線：引出線なし	71	
寸法線（断面図）	107	
寸法線のカスタマイズ	69	
セ ▶ 整理（重複線・連結線）	83	
設備	101	
線	18	
線：鉛直線	19	
線：直線	18	
線：角度指定	19	
線：寸法指定	18	
線角度取得	65	
線記号変形	5, 124	
線属性	24	
線幅の設定	24	
全体表示	22, 23	
洗濯機パン	39	
線の一括伸縮	34	
線の一括部分消去	34	
線の種類と変更	24	
線の消去	19	
線の部分消去	20	
線の伸縮	20	
線の選択	20	
前倍率	22	
洗面	33	
ソ ▶ 属取	62	

	属性取得と属性変更	62	ハ▶	パース（2.5D）	130	メ▶ 目地線（立面図）	113
	属性選択	61		配置図	122	面取	35
	属性変更	60		柱	49, 79	モ▶ 文字	64
	属性変更：線色	60		バスタブ	39	文字：線に沿わせた配置	65
	属性変更：線種	60		破線ピッチの設定	75	文字種	64
	属性変更：レイヤ	59		ハッチ	53	文字の移動	67
	ソファー（2.5D）	132		はめ殺し窓	95	文字の消去	66
	属変	62		パラペット（断面図）	109	文字の変更	67
	ソリッド	133		パラメトリック	54	文字の複写	67
タ▶	楕円	30		範囲	20, 23, 38	ヤ▶ 屋根	55, 116
	多角形	30		反転複写	38, 81	ユ▶ 床下換気口	55
	畳	32	ヒ▶	引き込みサッシドア	97	ユニットバス	101
	建具	84		引き込み戸	94	リ▶ 立面図	112
	建具（断面図）	110		引き違い戸	91	立体図形（2.5D）	127
	建具詳細	89		引き違い窓	92, 93	隣地境界線	122
	建平：建具平面	84		引き違い窓（立面図）	114	レ▶ 冷蔵庫	32
	建断：建具断面	110		開き扉	90	レイヤ	40
	断面図	105		表示範囲の設定	23	レイヤ一覧ウィンドウ	46
チ▶	駐車スペース	55	フ▶	ファイルの設定	78	レイヤグループツールバー	45
	中心線	25		ファイルの保存	17	レイヤ設定ウィンドウ	47
	駐輪スペース	55		複写	37	レイヤツールバー	42
	重複線の整理	83		複線	27	レイヤの設定	78
ツ▶	ツールバー	15, 16		複線：連続線	27	連結線の整理	83
テ▶	出入り記号	126		部分消去	20	連線	31
	データ整理	83		分割：線	52	連続線	31
	手書線	125		分割：点	52	ロ▶ ローテーブル（2.5D）	131
	展開図の立ち上げ(2.5D)	130	ヘ▶	平面詳細図	89, 100, 104		
	点の消去	53		平面図	78		
ト▶	透視図	130		壁面の凹凸の表現(2.5D)	131		
	透視図の着色	133		ベランダ（断面図）	109		
	道路境界線	122		便器	33		
	道路幅員線	123	ホ▶	方位	124		
ニ▶	2.5D	127		包絡	48		
	2線	25		保存	17		
	2線：連続線	26	マ▶	間仕切り壁	80		
	2線の留線	26	ミ▶	見え掛かり	81		

辻川 ひとみ（つじかわ・ひとみ）
1997 年大阪市立大学大学院生活科学研究科修士課程修了。2000 年大阪市立大学大学院生活科学研究科博士課程修了。2008 年マドリッド工科大学客員研究員。現在、帝塚山大学現代生活学部居住空間デザイン学科教授。博士（学術）。一級建築士。

吉住 優子（よしずみ・ゆうこ）
2000 年大阪市立大学大学院生活科学研究科修士課程修了。2006 年大阪大学大学院工学研究科博士課程修了。現在、帝塚山大学現代生活学部居住空間デザイン学科准教授。博士（工学）。

最短で学ぶ
JW_CAD 建築製図

2013 年 4 月 15 日　第 1 版第 1 刷発行
2025 年 4 月 30 日　第 1 版第 6 刷発行

著　者………辻川ひとみ・吉住優子
発行者………井口夏実
発行所………株式会社学芸出版社
　　　　　　京都市下京区木津屋橋通西洞院東入
　　　　　　電話 075-343-0811　〒600-8216

編集担当……岩崎健一郎
装　　丁………KOTO DESIGN Inc. 山本剛史
印　　刷………創栄図書印刷
製　　本………藤原製本

Ⓒ Tsujikawa Hitomi, Yoshizumi Yuko 2013　　Printed in Japan
ISBN 978-4-7615-2551-4

JCOPY 〈(社)出版者著作権管理機構委託出版物〉
本書の無断複写（電子化を含む）は著作権法上での例外を除き禁じられています。複写される場合は、そのつど事前に、(社)出版者著作権管理機構（電話 03-5244-5088、FAX 03-5244-5089、e-mail: info@jcopy.or.jp）の許諾を得てください。
また本書を代行業者等の第三者に依頼してスキャンやデジタル化することは、たとえ個人や家庭内での利用でも著作権法違反です。

【好評既刊】

初めての建築ＣＡＤ　　Windows 版 JW_CAD で学ぶ
〈建築のテキスト〉編集委員会 編　　　　　　　　　　　　　　A4 変判・168 頁（2 色刷）・本体 3200 円＋税

『初めての建築製図』の CAD 版。木造住宅・RC 造事務所を題材に、平面図・立面図・かなばかり図などの作図プロセスを色刷りで明示し、CAD も製図も初学者という人が同時に学べるよう工夫した。また使用するソフトは、教育・実務で多くの人が使うフリーウェアとして定評があり、その操作マニュアルとしても役立つものとなっている。

ステップアップ演習 Jw_cad　　ショートカットで高速製図
川窪広明 著　　　　　　　　　　　　　　　　　　　　　　　　B5 変判・188 頁・本体 2800 円＋税

初心者を対象に、キーボードによるコマンド選択を練習することで「Jw_cad をリズミカルかつスピーディーに操作できる」ことを目指したテキスト。例題～解答～ポイント・アドバイス～演習・ヒント～製図演習と続く流れのなかで、トレーニングを積んでいくと、知らず知らずに上達できるような工夫を盛り込んでいる。

名作住宅で学ぶ建築製図
藤木庸介 編著　　　　　　　　　　　　　　　　　　　　　　　A4 変判・96 頁・本体 2800 円＋税

篠原一男「白の家」など、建築デザインとしても魅力的である日本の近代名作住宅を題材にした、製図演習のための学習テキスト。建築家の生い立ちや、作品写真などの参考資料により、製図と実際の建築の関係性をより密に捉えることができる。設計のための基礎体力づくりを目的とした、意欲的に学びたい学生のための一冊。

建築製図　基本の基本
櫻井良明 著　　　　　　　　　　　　　　　　　　　　　　　　A4 変判・128 頁・本体 3200 円＋税

初めて建築製図を学ぶ人のテキスト。縮尺 1 ／ 100 図面を 1 ／ 50 の大きさで描くことで、基本となる描き方やルールがしっかり身につく。各種図面は作図手順を丁寧に示し、他図面と関連付けて解説することで、理解しながら図面が描ける。屋根、開口部は特に丁寧に説明して、演習課題も随所に入れることで作図力アップも目指した。

初めて学ぶ建築製図　　2 色刷ワークブック
〈建築のテキスト〉編集委員会 編　　　　　　　　　　　　　　A4 変判・112 頁（2 色刷）・本体 2600 円＋税

木造 2 階建住宅と鉄筋コンクリート造 2 階建会館、鋼構造 2 階建専用事務所を題材に、初めて建築図面を描く場合の基本事項を、プロセスを踏みながら分かりやすく解説。平面図に始まり、断面図・立面図・かなばかり図・伏図・軸組図・詳細図など各種図面の作図手順を色分けして示し、一つ一つ確実に描き方を習得できるよう工夫。

新装版　初めての建築製図　　2 色刷ワークブック
〈建築のテキスト〉編集委員会 編　　　　　　　　　　　　　　A4 変判・112 頁（2 色刷）・本体 2800 円＋税

木造 2 階建住宅と鉄筋コンクリート造 2 階建専用事務所を題材に、はじめて建築図面を描く場合の基本事項をわかりやすく解説した。平面図からはじまり、断面図・立面図・かなばかり図・伏図・軸組図・詳細図など、各種図面の作図順序を 4 ～ 8 のプロセスにわけ、それぞれを色刷で示すことで迷わず描き進めるよう工夫をほどこしている。

新しい建築の製図
「新しい建築の製図」編集委員会 編　　　　　　A4 変判・128 頁（カラー 8 頁・2 色刷 32 頁）＋折図 16 頁・本体 2400 円＋税

初めて学ぶ人に最良のテキスト。初学者から実務に携わる建築技術者まで、さらには建築士試験の製図受験者にも役立つよう、基本事項を網羅した。木造 2 課題（平家・2 階建）、RC 造 2 課題（ラーメン＋壁式）、S 造 1 課題で、それぞれの基本図面を JIS 建築製図通則に準拠して描いた。描き方のプロセスも、2 色刷でわかりやすく説明した。

〈建築学テキスト〉建築製図　　建築物の表現方法を学ぶ
大西正宜・武田雄二・前田幸夫 著　　　　　　　　　　　　　　A4 判・128 頁・本体 3000 円＋税

建築物を利用する主体〈人間〉を中心に据えて学ぶ、新しい建築学シリーズ。建築製図では、実在する建築物（朧月夜の家、設計：出江寛）を題材に、企画から図面完成にいたる過程を示すことで、初学者が具体的に理解できるよう工夫した。建築製図の基礎、図形の表現と投影法、空間の表現方法、CAD システムなど、基本事項も網羅している。

建築計画〈第二版〉　〈わかる建築学 1〉
浅野平八 編著　　　　　　　　　　　　　　　　　　　　　　　B5 変判・200 頁・本体 2800 円＋税

講義に沿った 15 章構成で初めの一歩から建築士試験まで導く〈わかる建築学〉シリーズの第 1 巻。住まう・集う・学ぶ・癒す・働くの機能別に、豊富な図表による説明と、各章末の練習問題、第 15 章の演習問題での理解確認を通して、基本と発展的内容が身に付くよう配慮した。人間生活と建築空間の対応を考える、初学者必携の一冊。

図説やさしい建築計画
深水浩 著 　　　　　　　　　　　　　　　　　　　　　　　B5変判・176頁・本体2600円+税

建築設計演習において最低限必要となる計画上の知識をまとめた。さらに建築士学科試験に対応する知識を網羅できるよう内容設定した。独立住宅、集合住宅、小学校、幼稚園・保育所、図書館、美術館、ホテル・旅館、事務所、病院・診療所、商業建築、劇場、その他各種建築物を扱い、高齢者・障害者、地球環境、防災にも触れた。

〈建築学テキスト〉建築計画基礎　　計画の原点を学ぶ
吉村英祐・北後明彦・森一彦 他編著 　　　　　　　　　　　A4判・128頁・本体3000円+税

建築計画では、建物を利用する人間の特性を把握することが求められる。本書では、寸法だけでなく、生理・心理も含めた、個体ならびに集団として行動する人間の特性を解説し、それらが建築物を計画する際にどのように活かされるかをも示した。さらに、火災や地震など災害への備えや持続可能な建築のありようについても述べた。

設計に活かす建築計画
内藤和彦・橋本雅好 編著／日色真帆 他編 　　　　　　　　　B5変判・152頁・本体2400円+税

豊かな空間、機能的な建築をつくりだすためには、建築計画の知識が大いに役立つ。本書は、実際の計画・設計の流れなどについて紹介しながら、設計演習で活かせる知識を網羅したものである。基本的な各種計画をやさしく解説しながら、人間・設計・環境という3つの観点から、人間の行動や心理に適した計画へアプローチする。

テキスト建築計画
川﨑寧史・山田あすか 編著 　　　　　　　　　　　　　　　B5変判・224頁・本体3200円+税

建築計画学は、建築の諸課題に対して合理的な解決策を提示する知の体系であり、設計行為のベースである。本書は、プランタイプ別のオーソドックスな知識習得を基本としつつ、生活のシーンや、住まう、学ぶ、遊ぶ、集う、親しむなどの人が活動する動詞キーワードを切り口として、場と空間の組み立てかたを学ぶものである。

〈建築学テキスト〉建築設計学Ⅰ　　住宅の設計を学ぶ
本多友常・阿部浩和・林田大作・平田隆行 著 　　　　　　　A4判・128頁・本体3000円+税

木造住宅の設計の進め方を、著者の実作を例に図面や写真を多用して、初学者にわかりやすく示した。まず環境把握からはじめ、住宅設計へのアプローチ、住宅設計の実例と一般図の描き方、建築に関する基本寸法、詳細設計図の描き方、外構・植栽計画の順で示した。付録として文献紹介、施工順序を理解するための写真もつけた。

学芸出版社　|　Gakugei Shuppansha

- 図書目録
- セミナー情報
- 電子書籍
- おすすめの1冊
- メルマガ申込（新刊＆イベント案内）
- Twitter
- Facebook

建築・まちづくり・コミュニティデザインのポータルサイト

WEB GAKUGEI
www.gakugei-pub.jp/